D0763670

l'HEURE
de
l'APÉRO

Édition : Isabel Tardif
Design graphique de la maquette intérieure
    et de la couverture : Josée Amyotte
Infographie : Johanne Lemay
Traitement des images : Johanne Lemay
Révision : Sylvie Massariol et Joëlle Bouchard
Correction : Odile Dallaserra

Toutes les photos sont de Tango sauf les pages 6, 23,
35, 37, 69, 94, 107, 109, 121, 122, 151, 153, 177, 182, 184
pour Shutterstock et les pages 79, 80, 102, 116, 123,
135 pour IStock.
La photo du centre de la page de couverture est
de Shutterstock.

Données de catalogage disponibles auprès de Bibliothèque
et Archives nationales du Québec

DISTRIBUTEURS EXCLUSIFS :

Pour le Canada et les États-Unis :
MESSAGERIES ADP inc.*
Téléphone : 450-640-1237
Internet : www.messageries-adp.com
* filiale du Groupe Sogides inc.,
  filiale de Québecor Média inc.

Pour la France et les autres pays :
INTERFORUM editis
Téléphone : 33 (0) 1 49 59 11 56/91
Service commandes France Métropolitaine
Téléphone : 33 (0) 2 38 32 71 00
Internet : www.interforum.fr
Service commandes Export – DOM-TOM
Internet : www.interforum.fr
Courriel : cdes-export@interforum.fr

Pour la Suisse :
INTERFORUM editis SUISSE
Téléphone : 41 (0) 26 460 80 60
Internet : www.interforumsuisse.ch
Courriel : office@interforumsuisse.ch
Distributeur : OLF S.A.
Commandes :
Téléphone : 41 (0) 26 467 53 33
Internet : www.olf.ch
Courriel : information@olf.ch

Pour la Belgique et le Luxembourg :
INTERFORUM BENELUX S.A.
Téléphone : 32 (0) 10 42 03 20
Internet : www.interforum.be
Courriel : info@interforum.be

06-16

Imprimé au Canada

© 2016, Les Éditions de l'Homme,
division du Groupe Sogides inc.,
filiale de Québecor Média inc.
(Montréal, Québec)

Tous droits réservés

Dépôt légal : 2016
Bibliothèque et Archives nationales du Québec

ISBN 978-2-7619-4528-8

Gouvernement du Québec – Programme de crédit d'impôt pour
l'édition de livres – Gestion SODEC –
www.sodec.gouv.qc.ca

L'Éditeur bénéficie du soutien de la Société de développement
des entreprises culturelles du Québec pour son programme
d'édition.

Conseil des Arts   Canada Council
du Canada   for the Arts

Nous remercions le Conseil des Arts du Canada de l'aide
accordée à notre programme de publication.

Financé par le gouvernement du Canada   Canadä
Funded by the Government of Canada

Nous reconnaissons l'aide financière du gouvernement du
Canada par l'entremise du Fonds du livre du Canada pour nos
activités d'édition.

MARIE-JOSÉE BEAUDOIN

L'HEURE
de
L'APÉRO

Plus de 100 idées
pour trinquer et grignoter

LES ÉDITIONS DE
L'HOMME
Une société de Québecor Média

Table des matières

Introduction

J'ai pensé écrire ce livre après plus de 15 ans en restauration à constater que plusieurs de mes clients ne savaient pas quoi commander à l'apéro. À la question « Aimeriez-vous un apéritif pour débuter ? », ils perdaient tous leurs moyens. S'ensuivaient les hésitations et la fameuse question : « Toi, tu prends quoi ? »… La plupart du temps, les clients finissaient avec des commandes identiques ou se passaient d'apéro, faute de savoir quoi demander.

Depuis la mode du Cinzano, du Martini moitié-moité et autre St-Raphaël, les Québécois ne semblent plus savoir quoi boire pour entamer une soirée. C'est donc pour inspirer mes collègues du restaurant Les 400 Coups que j'ai commencé à préparer des punchs le vendredi soir. Et c'est en faisant l'apéro avec eux à la fin d'une journée de travail que l'idée du livre m'est venue.

Je vous présente donc un petit guide rempli de suggestions d'apéritifs qui, je l'espère, vous inspirera et vous permettra de trouver « votre » apéro. Et comme on ne boit pas la même chose un soir de fête qu'un samedi après-midi de juillet, les cocktails, vins, mousseux et bières suggérés sont classés par occasions.

Au fil des pages, vous découvrirez ma passion pour les punchs (qui, selon moi, méritent de revenir à la mode), ma faiblesse pour les bulles, ainsi que mon intérêt pour les produits québécois.

Parce que j'ai la chance d'avoir plusieurs amis chefs, à qui j'ai demandé de concocter des recettes liées aux différents thèmes du livre, vous ne boirez pas le ventre vide. En prime, vous aurez donc quelques nouvelles idées de plats à servir à vos invités !

J'espère sincèrement vous faire découvrir de nouveaux produits et, surtout, vous faire passer de bons moments avec les gens que vous aimez.

Bonne dégustation !

Psst... Surtout, ne vous empêchez pas de préparer une des recettes (à boire ou à manger) s'il vous manque un ingrédient ! Et si vous avez envie d'ajouter votre touche personnelle, explorez et amusez-vous !

Équipement 101

BOL À PUNCH

Bol, vase, pichet, tous les contenants font l'affaire, alors allez-y selon vos goûts et votre style. L'important, c'est d'avoir un récipient de bonne grosseur pour contenir l'alcool que vous offrirez à vos invités.

BOUCHONS À VIN ET À VIN MOUSSEUX

Afin d'éviter les abus, ces bouchons (accompagnés d'une pompe) vous permettent de reboucher les bouteilles de vin. Vous pourrez même dépenser quelques dollars de plus pour une bouteille en sachant qu'elle sera dégustée en plusieurs jours ! Une fois l'oxygène enlevé, les bouchons allongent la durée de vie du vin de 3 à 5 jours. Quant aux bouchons spécialement destinés aux vins mousseux, ils préservent les bulles jusqu'à 2 jours après l'ouverture de la bouteille.

OUVRE-BOUTEILLE

J'ai un gros faible pour les ouvre-bouteilles à double levier qui facilitent la tâche pour retirer les bouchons (sans trop forcer et sans les briser) et qui, en plus, sont parfaits pour décapsuler certaines bouteilles de bière ou de cidre.

REFROIDISSEUR À BOUTEILLE

J'adore les modèles en plastique rond avec pochettes refroidissantes que vous n'avez qu'à conserver au congélateur et, le moment venu, à glisser autour de vos bouteilles pour leur donner un peu de fraîcheur. Ils sont vraiment pratiques pour transporter les bouteilles en voiture et pour vous assurer qu'elles seront froides à votre arrivée, particulièrement lors des pique-niques d'été.

SHAKER

Je préfère les shakers en métal, mais certains modèles en plastique peuvent aussi faire le travail. Ne choisissez pas un trop petit format, sinon il vous faudra recommencer la recette plusieurs fois pour servir tous vos invités.

VERRES À VIN

Un modèle assez simple et polyvalent peut servir pour le vin blanc comme pour le vin rouge. Il s'agit simplement de se procurer des verres de qualité. Plusieurs marques intéressantes sont offertes sur le marché, telles que Spiegelau, Riedel et Stolze.

ZESTEUR

Voilà un outil très pratique pour ajouter une petite touche de décoration à plusieurs cocktails, et pour profiter de l'arôme des agrumes.

Ingrédients 101

AGRUMES

C'est fou comme un peu de lime ou de citron peut rehausser un gin tonic : quelques gouttes suffisent à apporter beaucoup de fraîcheur à votre cocktail. Visuellement, une tranche d'orange peut décorer à merveille un mélange monochrome. À ne pas négliger, donc, pour ajouter du « oumph » à vos cocktails !

AMERS

Communément appelés *bitters*, les amers font un grand retour depuis quelques années. Certains se souviendront de l'angostura, qui est assez connu et facile à trouver. Il existe aujourd'hui plusieurs autres options, car le marché a littéralement explosé dans les dernières années. Procurez-vous de une à trois bouteilles d'amer dans une épicerie fine, comme ceux des marques Bittered Sling, Le Lab ou Fee Brothers, selon le goût que vous voulez donner à vos Old Fashioned, Rob Roy et autres cocktails. Ces saveurs vous permettront de donner plus de profondeur et d'équilibre à vos préparations.

BOISSON GAZEUSE AU GINGEMBRE *(GINGER ALE)*

J'avoue avoir un gros faible pour cette boisson gazeuse au gingembre. J'aime l'utiliser régulièrement, ce que vous constaterez au fil des pages… Elle peut facilement rehausser un alcool ambré comme le rhum ou le whisky, et elle peut se transformer en « champagne » sans alcool pour les plus jeunes. Un passe-partout !

EAU PÉTILLANTE

Gardez toujours une ou deux bouteilles d'eau pétillante au frais, prêtes à être utilisées. Il existe plusieurs options : l'eau gazéifiée, le soda et l'eau minérale. Choisissez ce que vous préférez, pourvu que ça pétille !

GLACE

Aussi simple que cela puisse en avoir l'air, la glace est l'ingrédient de base par excellence pour un apéro réussi. Je suggère donc de vous procurer plusieurs contenants à glaçons, et de toujours avoir de la glace prête au congélateur. Le sac de glace acheté au dépanneur ou à l'épicerie sera aussi votre allié lors de grosses soirées.

SIROP DE CANNE OU SIROP SIMPLE

Voilà un ingrédient essentiel pour sucrer les cocktails, les punchs et même les cafés. Le sirop de canne se trouve dans les bonnes épiceries ou les épiceries fines. Si vous préférez faire votre sirop maison, voici la recette :

SIROP SIMPLE MAISON

200 g (1 tasse) de sucre blanc
250 ml (1 tasse) d'eau

Dans une casserole, à feu moyen, faire fondre le sucre dans l'eau. Lorsque le sucre est complètement dissous, éteindre le feu et laisser refroidir le sirop. Conserver ensuite au réfrigérateur dans une bouteille ou un contenant en plastique, idéalement avec un bec verseur.

SPIRITUEUX DE BASE

Voici les trois alcools à avoir dans votre bar : la vodka, le gin et le rhum. Pour la vodka, pas besoin de dépenser une fortune, plusieurs marques étant offertes pour une vingtaine de dollars. Pour le gin, certains sont plus parfumés que d'autres, mais les classiques font l'affaire. Quant au rhum, je préfère le rhum brun, plus goûteux et raffiné que les rhums blancs. À partir de ces alcools, des dizaines d'options de cocktails seront possibles.

TONIQUE

Contrairement à l'eau pétillante, le tonique est une eau gazeuse contenant de la quinine (un amer), qui est sucrée et qui permet de faire plusieurs cocktails, tel le gin tonic. Schweppes et Canada Dry en produisent depuis longtemps, mais plusieurs petites compagnies ont lancé, dans les dernières années, des toniques de qualité comme Fever Tree et Q Tonic. J'aime particulièrement le format en cannette d'aluminium ou les petites bouteilles de verre qui permettent de faire seulement deux cocktails à la fois et d'éviter le gaspillage.

Trucs pratiques pour réussir l'apéro

Préparer un apéro, c'est un peu comme recevoir à souper : vous avez tout intérêt à planifier l'événement et à prendre de l'avance là où c'est possible. Le fait de ne pas vous y mettre à la dernière minute vous permettra surtout de bien profiter du moment avec vos invités. Voici quelques-unes de mes astuces pour « réussir » votre apéro.

TROUVER « SA » SAQ

Déterminez où se situe la succursale la plus près de chez vous ou sur le chemin du bureau. Optez idéalement pour une SAQ Sélection, qui offre une plus grande variété de produits et où les conseillers en vin sont très bien formés.

PROFITER DES COMMANDES EN LIGNE À SAQ.COM

Ce site vous permettra de commander des produits qui ne sont pas vendus à votre succursale. Le service est gratuit et les produits arriveront à votre SAQ en quelques jours.

AVOIR EN MAIN TOUS LES INGRÉDIENTS NÉCESSAIRES

Préparez à l'avance tout ce dont vous aurez besoin pour concocter vos cocktails et vos plats. Et n'oubliez pas la glace ! Personne n'aime devoir sortir de la maison juste avant que les invités n'arrivent...

SORTIR LES VERRES, LA VAISSELLE, LES USTENSILES...

Vérifiez que vous avez tout l'équipement dont vous aurez besoin. Vous éviterez ainsi les recherches de dernière minute pour trouver LA pièce manquante alors que tout le monde sera dans la cuisine !

CUISINER À L'AVANCE

Tous les chefs vous le diront : la mise en place est nécessaire ! Préparez donc tout ce qui se conserve avant l'arrivée des invités.

PLANIFIER L'AMBIANCE

La musique, l'éclairage (j'adore les bougies disposées ici et là !) et la déco (comme les fleurs coupées) peuvent donner le ton au reste de la soirée.

PRÉVOIR UN CONTENANT AVEC DE L'EAU ET DE LA GLACE

Ce récipient sera utile pour refroidir rapidement une bouteille. Évitez d'utiliser seulement de la glace ou de placer votre vin au congélateur. La méthode la plus rapide et efficace est une trempette dans l'eau glacée.

SERVIR LE VIN À LA BONNE TEMPÉRATURE

Voici les températures idéales :

- vin blanc : de 6 à 8 °C (de 43 à 46,5 °F), soit quelques degrés de plus que la température de votre réfrigérateur ;
- vin rouge : de 18 à 20 °C (de 64,5 à 68 °F), soit légèrement plus frais que la température ambiante ;
- vins mousseux : de 6 à 8 °C (de 43 à 46,5 °F).

VISITER LA SAQ DÉPÔT À L'OCCASION

Vous pourrez y acheter des produits classiques et des spiritueux de base à rabais. Avant le temps des fêtes ou au début de l'été, une visite vous permettra de remplir vos réserves.

Voici quelques idées à mettre dans votre panier pour être prêt à recevoir plus d'une fois :

- 1 bouteille de vodka ;
- 1 bouteille de gin ;
- 1 bouteille de rhum ;
- 1 bouteille de votre liqueur préférée (ex. : liqueur d'agrumes, liqueur de framboise, etc.) ;
- 2 bouteilles de mousseux (cava ou prosecco) ;
- 3 bouteilles de blanc léger ;
- 3 bouteilles de rouge, espagnol ou portugais.

Le 5 à 7

Après une longue journée de travail, prendre un verre avec les collègues ou les amis signifie souvent « lâcher son fou » ! On s'offre quelques coupes de vin ou des cocktails tendance pour faire tomber la pression et apprendre à mieux se connaître. Le mot d'ordre : convivialité. J'ai déniché pour vous des recettes faciles et rapides à réaliser, ainsi que des bouteilles rassembleuses. C'est l'heure de trinquer dans la bonne humeur !

Cocktail

Punch

RHUM GINGEMBRE

Deux produits que j'affectionne particulièrement : le rhum et le gingembre.
Ensemble, ils sont parfaits.

POUR 1 PERSONNE
1 ½ oz (45 ml) de rhum brun
   (voir la suggestion ci-dessous)
½ oz (15 ml) de jus de lime
   fraîchement pressé
3 oz (90 ml) de bière au gingembre
   (*ginger beer*)
Quartier de lime (décoration)
Glace

Dans un verre contenant quelques
glaçons, verser tous les ingrédients
et bien mélanger. Décorer avec un
quartier de lime.

SUGGESTION DE RHUM BRUN
Rhum El Dorado, Original Dark
Superior Demerara, 21,50 $
C'est le meilleur rhum brun dans
cette gamme de prix à la SAQ. Il
est de loin supérieur aux autres
marques commerciales, très
populaire et moins coûteux en
plus !

GIN FIZZ

Comme l'Old Fashioned et le dry martini, le gin fizz est un cocktail classique revenu à la mode ces dernières
années. On pourrait aussi l'appeler
« limonade pour adultes », car son
goût citronné vous fera immédiatement penser à ce que vous buviez
plus jeune. Aucun doute, ce cocktail
deviendra votre nouveau classique !

POUR 8 PERSONNES
12 oz (360 ml) de gin
8 oz (240 ml) de jus de citron
   fraîchement pressé
4 oz (120 ml) de sirop de canne ou de
   sirop simple (recette page 13)
16 à 24 oz (480 à 720 ml) de soda ou
   d'eau pétillante
Demi-tranches de citron
   (décoration)
Glace

Dans un contenant à punch, verser
le gin, le jus de citron et le sirop.
Juste avant de servir, ajouter
le soda et la glace. Décorer de
demi-tranches de citron, si désiré.
Déguster !

Vins blancs

CHABLIS, LA SEREINE, LA CHABLISIENNE

 23,25 $ page 165

Un classique de l'apéro qui a toujours ses amateurs : le chablis. Cette appellation bien-aimée des Québécois est très présente sur les tablettes de la SAQ. Parmi les bouteilles de chablis qui sont toujours en succursales (ce que la SAQ appelle « les produits courants »), La Chablisienne offre, selon moi, le meilleur rapport qualité-prix. Aucune surprise chez ce blanc où la minéralité domine. Au nez, il propose un côté crayeux complété par des notes de pomme verte. La bouche répond également aux attentes avec une acidité tranchante, une belle longueur et, évidemment, une finale très sec. Un chablis classique et bien fait.

SANCERRE, PAUL PRIEUR ET FILS

 29,95 $ page 165

Jusqu'à tout récemment, ce vin était disponible en importation privée seulement. Il se retrouve maintenant sur les tablettes de la SAQ en tout temps, à mon grand plaisir. Certaines appellations classiques, comme le sancerre, plaisent à une majorité de buveurs (incluant les plus conservateurs !), mais il est toujours important de choisir un produit conçu par un producteur de qualité. Avec Paul Prieur et son vin fait à base de sauvignon blanc, vous devriez trouver votre plaisir. Fidèle à l'appellation Sancerre, le nez exprime de délicates notes végétales et de pamplemousse, l'ensemble étant surtout dominé par la minéralité. Assez gras en bouche (avec une texture ample), l'acidité est présente chez ce blanc classique qui possède une longue finale. Idéal pour plaire aux amis, au patron ou aux collègues, sans prendre trop de risques.

Vin rosé

SOAVE CLASSICO, PIEROPAN

🍷 **19,75 $** page 165

Cette appellation assez connue du nord de l'Italie, de la Vénétie plus précisément, mérite sa place dans vos favoris. Le soave est tout indiqué lors des journées chaudes et des 5 à 7 sur la terrasse où l'on recherche surtout un vin rafraîchissant et pas trop complexe. Et tant qu'à adopter cette appellation, pourquoi ne pas choisir un produit offert par l'un des plus grands producteurs de la région : Pieropan ! Les arômes de ce vin sont discrets, mais vous y percevrez une pointe de citron et une brise minérale. La bouche est nette, avec une légère rondeur et un goût de poire. La petite acidité en finale apporte beaucoup de fraîcheur à l'ensemble. De composition simple, la principale qualité de ce vin est sa buvabilité : tout le monde l'appréciera et il accompagnera parfaitement vos discussions animées !

VIN GRIS DE CIGARE, BONNY DOON VINEYARD

🍷 **21,95 $** page 171

Ce rosé californien fait partie de mes favoris depuis longtemps. Vous devrez y mettre quelques dollars de plus, mais il les vaut bien : il se compare davantage à un vin blanc avec du corps qu'à un rosé fruité et sucré. Son nez délicat dévoile des notes de petits fruits et de fleurs. En bouche, vous serez heureux de constater qu'il n'est pas sucré, malgré un goût de fraise et de framboise bien présent, doublé d'un goût d'alcool perceptible. Ce rosé est conçu par un vigneron hors norme et très créatif, Randall Grahm, qui s'inspire des produits de la vallée du Rhône pour développer ses propres techniques vinicoles dans la région de Santa Cruz. Un vin qui devrait plaire tant aux hommes qu'aux femmes, parfait pour accompagner vos bouchées, comme la tartelette d'endive au jambon et au fromage Chemin Hatley de Danny St-Pierre (recette page 26).

Vins rouges

MONTEPULCIANO D'ABRUZZO, RIPAROSSO, ILLUMINATI

🍷 **14,75 $** page 172

Montepulciano d'Abruzzo est une appellation assez connue des Abruzzes, une région située dans l'Italie centrale. Cette cuvée d'Illuminati est très abordable et passe-partout. Facile à trouver, elle est idéale pour les apéros spontanés. Bien que peu expressives, ses notes de fleurs et de fraise mûre perceptibles au nez sont très agréables. Le fruit est très présent dès la première dégustation, mais le corps assez dense, avec des tannins marqués, se fait rapidement sentir. Un vin idéal pour ceux qui aiment les rouges plutôt généreux, et un accord parfait avec un tartare de bœuf (recette page 42).

CHINON, EXPRESSION, ALAIN LORIEUX

🍷 **21,25 $** page 172

La Loire est une région à découvrir, tant pour ses blancs que pour ses rouges, ces derniers se prêtant particulièrement bien à l'apéro. Ce chinon, produit à base de cabernet franc uniquement, est une belle porte d'entrée sur les rouges de ce coin de pays : il est typique de son appellation et plutôt abordable. Ses notes végétales d'aneth, de betterave et de poivron sont accompagnées d'un arôme de cerise et d'un petit côté boisé. La bouche, qui révèle la finesse des produits de la région, est bien équilibrée avec des tannins légers et du corps. La finale est souple et légèrement poivrée. Les inconditionnels du rouge devraient être satisfaits, spécialement si une assiette de saucissons et de pancetta accompagne la dégustation !

BEAUJOLAIS, L'ANCIEN, JEAN-PAUL BRUN

🍷 **21,70 $** page 172

Les vins du Beaujolais, bien connus dans les années 1980 et 1990, sont revenus à la mode récemment grâce à de jeunes producteurs fort talentueux. Située au sud de la Bourgogne, cette région est considérée comme le royaume du gamay, un cépage fruité qui donne des vins légers avec une belle fraîcheur, idéal pour l'apéro. Représentant bien les produits de ce coin de pays, L'Ancien possède des notes de cerise, légèrement sucrées et épicées au nez. La bouche est tout aussi fruitée, souple et se termine par des tannins légers. Un vin idéal pour rallier les générations : les plus jeunes découvriront le fameux beaujolais, tandis que les plus vieux feront la connaissance d'un nouveau producteur.

Les bouchons

N'ayez surtout pas peur si la bouteille de certains vins suggérés est dotée d'une capsule à vis. Les matériaux utilisés pour ce type de bouchons sont d'une grande qualité et sans danger pour le vin. En prime, vous ne risquez pas de tomber sur un vin bouchonné ! Plusieurs producteurs sérieux, fabricants de très bons vins, optent donc désormais pour ces bouchons dévissables.

Mousseux   Champagne

CAVA BRUT, PARÉS BALTA

 17,95 $ page 178

Assurément un cava d'une grande qualité à petit prix, que vous devriez faire découvrir à tous vos collègues et amis (qui l'adopteront probablement grâce à vous) ! Personnellement, je m'assure d'en avoir toujours une bouteille au frigo parce qu'on ne sait jamais quand un événement à souligner se pointera le bout du nez (même si, selon moi, nul besoin d'attendre une occasion spéciale pour ouvrir une bouteille de bulles !). Provenant d'un vignoble familial très inspirant où l'on travaille en agriculture biologique, ce mousseux frais et très sec présente des arômes de pomme et des notes légèrement grillées. Fait à partir des cépages classiques utilisés pour les cavas, soit le parellada, la maccabeu et le xarel-lo, ce mousseux est produit selon la méthode traditionnelle comprenant deux fermentations qui créent de fines bulles très agréables en bouche. Le rapport qualité-prix de ce produit est difficile à battre et, comme il n'est pas sucré du tout, il devrait plaire à tout le monde. Voilà LE mousseux à acheter en grande quantité !

CHAMPAGNE BRUT, DELAMOTTE

51,25 $ page 180

Avec son étiquette sobre, on remarque peu ce champagne sur les tablettes de la SAQ. Et pourtant, sa grande qualité devrait lui mériter une place dans notre panier. Produit par la même maison que le très prestigieux et rarissime Champagne Salon, cette bouteille nous donne l'occasion de goûter une cuvée plus abordable et facile à trouver. Fait à partir de chardonnay (50 %) et complété avec du pinot noir et du pinot meunier, ce vin de Champagne demeure assez classique. Vous remarquerez ses bulles fines, ses notes élégantes de pomme et de poire ainsi qu'une minéralité très présente dès le départ. L'équilibre entre la rondeur donnée par le chardonnay et la complexité apportée par le pinot noir et le pinot meunier en font un champagne frais et souple. Idéal pour célébrer un nouveau contrat ou une réalisation importante !

Bière

Apéro sans alcool

ST-AMBROISE, PALE ALE, BRASSERIE MCAUSLAN

1,85 $ / 341 ml page 182

BIÈRE DE GINGEMBRE, FEVER-TREE

2,99 $ / 750 ml page 184

Cette bière blonde, à l'origine du succès de la brasserie montréalaise McAuslan, devrait faire le bonheur de tous lors d'un 5 à 7 décontracté. Dès qu'on la verse dans un verre, sa couleur ambrée ainsi que ses notes de caramel et de céréales sont très agréables pour les sens. Le goût du houblon, bien présent en bouche, est accompagné d'une bonne amertume avec une acidité perceptible en finale. Très raisonnable côté alcool (5 %), c'est une bière parfaite pour les amateurs de blonde qui recherchent d'abord la fraîcheur.

On connaît bien le ginger ale, mais peu la *ginger beer,* une boisson plus goûteuse où l'on perçoit le côté piquant du gingembre frais. Cette bière est très agréable en bouche, légèrement pétillante et peu sucrée lorsqu'on la boit seule. Vous pouvez lui ajouter quelques gouttes de jus de lime pour la parfumer d'une note d'agrume : la fraîcheur sera au rendez-vous ! D'autres marques de bière au gingembre, comme Fentimans et Q Drinks, sont désormais offertes dans les épiceries fines.

Pour manger en buvant

Recettes de Danny St-Pierre,
CHEF DU RESTAURANT PETITE MAISON

Tartelette d'endive au jambon et au fromage Chemin Hatley

POUR 8 PERSONNES

1 rectangle de pâte brisée du commerce
de 22 x 33 cm (9 x 13 po)
90 ml (⅓ tasse + 1 c. à soupe) d'eau froide environ
2 endives coupées en deux et hachées
4 tranches de bacon hachées finement
1 oignon haché
115 g (1 tasse) de fromage râpé
de type Chemin Hatley

Pour moi, l'apéro...

c'est le signal que nous envoyons à notre esprit pour lui dire que le travail est terminé et que la fête peut commencer.

1. Préchauffer le four à 180 °C (350 °F).
2. Piquer toute la surface de la pâte avec une fourchette. À l'aide d'un emporte-pièce rond de 5 cm (2 po), couper 24 cercles de pâte. Placer les cercles sur une plaque de cuisson et les précuire au four environ 10 minutes ou jusqu'à ce qu'ils commencent à dorer.
3. Dans une casserole, verser l'eau froide, déposer les endives, couvrir et cuire à température moyenne environ 5 minutes ou jusqu'à ce qu'elles aient légèrement ramolli. Ajouter le bacon et l'oignon et faire revenir jusqu'à ce que les ingrédients commencent à colorer. Déposer sur un papier absorbant.
4. Répartir la préparation d'endives sur les cercles de pâte. Recouvrir de fromage et faire gratiner sous le gril du four jusqu'à ce qu'il soit doré. Servir.

Brioche au beurre, avec anchois et radis

POUR 8 PERSONNES

6 tranches de pain brioché (ex. : carré au lait)
60 ml (¼ tasse) de beurre fondu
230 g (1 tasse) de fromage à la crème tempéré
4 filets d'anchois hachés en petits morceaux
4 radis finement tranchés
Ciboulette hachée
Zestes de 1 lime

1. Préchauffer le four à 190 °C (375 °F).

2. À l'aide d'un pinceau, badigeonner les tranches de brioche de beurre fondu. Déposer les tranches sur une plaque de cuisson, puis les mettre au four de 6 à 8 minutes ou jusqu'à ce qu'elles soient grillées.

3. Tartiner les tranches de fromage à la crème, puis couper chacune d'elles en quatre rectangles. Garnir des anchois et recouvrir de fines tranches de radis. Ajouter de la ciboulette et des zestes de lime.

Céleri au cari, aux foies de volaille, aux amandes et aux raisins

POUR 8 PERSONNES

500 ml (2 tasses) de bouillon de poulet
2 c. à café de cari
6 branches de céleri, coupées en sections
    de 5 cm (2 po)
225 g (1 tasse) de mousse de foies de volaille du
    commerce (ou recette page 57)
30 g (¼ tasse) d'amandes effilées
85 g (½ tasse) de raisins Sultana (dorés)

1. Dans une casserole, à feu vif, porter le bouillon à ébullition. Ajouter le cari, bien mélanger et baisser la température à feu moyen. Mettre le céleri dans le bouillon et le faire pocher 5 minutes ou jusqu'à ce qu'il soit tendre (mais pas trop mou). Retirer le céleri du bouillon et le laisser refroidir quelques minutes.

2. À l'aide d'une poche à pâtisserie, garnir chaque section de céleri de mousse de foies de volaille. Ajouter quelques amandes et des raisins. Déguster !

Pour célébrer

Des moments importants dont nous voulons nous souvenir longtemps, nous en avons tous dans notre vie ! Selon moi, ce que nous dégustons lors de ces instants précieux peut grandement ajouter au souvenir. Des champagnes, des vins et des cocktails d'exception sont de parfaites options pour célébrer en grand. Et du coup, vous pourrez en profiter pour savourer des produits que vous n'osez pas toujours vous offrir !

Cocktail   # Punch

GIN TONIC DE LUXE

Voici un classique qui nécessite peu d'ingrédients, et que vous pouvez facilement raffiner en utilisant des produits de qualité. Pour vous gâter, choisissez un gin recherché comme l'exceptionnel gin Barr Hill de Caledonia Spirits, provenant du Vermont. Optez ensuite pour un tonique produit de façon artisanale, comme le Jack's Tonique, le ¾ oz ou celui des Charlatans. Il ne vous reste plus qu'à presser une lime pour ajouter quelques gouttes de jus frais à votre cocktail (ce qui est beaucoup plus efficace que de laisser un quartier de lime sécher sur le bord de votre verre!), puis à déguster!

POUR 1 PERSONNE
1 ½ oz (45 ml) de gin Barr Hill
¾ oz (25 ml) de tonique artisanal
Le jus de 1 lime
2 oz (60 ml) de soda ou d'eau pétillante
Glace

Dans un verre, mettre quelques glaçons et verser tous les ingrédients. Bien mélanger. Santé!

Variante : Remplacer le tonique artisanal par ½ oz (15 ml) de jus de yuzu, et ajouter 2 oz (60 ml) de soda tonique.

CHAMPAGNE COCKTAIL

Une recette assez classique que j'ai un peu ajustée pour la transformer en punch. Quoi de mieux qu'un verre de cocktail pétillant pour lancer une soirée spéciale!

POUR 8 PERSONNES
6 oz (180 ml) de brandy
6 oz (180 ml) de liqueur d'agrumes
1 c. à soupe d'amer (*bitter*)
1 bouteille de Champagne Brut ou
    de mousseux (selon l'occasion et
    le budget)
12 oz (360 ml) de soda
Zeste de 1 citron
Zeste de 1 orange
Glace

Dans un contenant à punch, verser le brandy, la liqueur d'agrumes et l'amer sur les glaçons. Ajouter le champagne (ou le mousseux) et le soda. Décorer avec les zestes de citron et d'orange. Servir dans des flûtes à champagne.

D'AUTRES GINS À ESSAYER
Voici trois excellents gins canadiens, dont deux québécois, infusés avec des aromates différents. À essayer pour varier sa recette de gin tonic!
Piger Henricus Gin (500 ml) – 30,25 $ **Gin de Neige** (500 ml) – 30,50 $
Victoria Gin (750 ml) – 46,50 $

Vins blancs

PINEAU DES CHARENTES, 5 ANS D'ÂGE, CHÂTEAU DE BEAULON

 20,25 $ page 165

Le pineau des Charentes a eu sa période de gloire, mais il est malheureusement tombé dans l'oubli ces dernières années. Profitez d'un anniversaire ou d'une graduation pour le ramener au goût du jour en servant cette cuvée vieillie 5 ans. Assez forte en alcool (18 %), cette mistelle sucrée qui provient de la région de Bordeaux évoque un certain classicisme qui me plaît. En faisant tourner le pineau dans votre verre, vous noterez les arômes de cognac, de caramel et de pain grillé. En bouche, il est assez onctueux avec un équilibre fruité et caramélisé. Pour les grandes occasions, la cuvée 10 ans du même domaine est également disponible, et en vaut le coup ! Servir bien frais, comme un vin blanc.

MARSANNE/VIOGNIER, CENTRAL COAST, TREANA

29,80 $ page 165

Ce blanc prouve qu'il n'y a pas que des chardonnays en Californie ! Issu de Central Coast, ce vin est fait à base des cépages marsanne et viognier, principalement présents dans la vallée du Rhône, en France. Le nez est très aromatique et représente bien l'idée qu'on se fait d'un blanc d'apéro, avec des notes végétales, mais surtout de fruits exotiques et de vanille. En bouche, la richesse est perceptible avec une belle rondeur. Des notes de mangue et de nougatine sont complétées par une touche légèrement boisée. Une option luxueuse pour remplacer le pinot grigio et le muscat de tous les jours.

POUILLY-VINZELLES, LES LONGEAYS, DOMAINE THIBERT
 27,70 $ page 165

Pour moi, les blancs de la Bourgogne ont toujours été associés à des célébrations. Le premier vin que j'ai dégusté à l'âge de 15 ans provenait de cette région et j'en garde un magnifique souvenir. Gâtez-vous avec ce cru produit dans la région de Mâcon, fait à base de chardonnay, comme tous les blancs de cette région, d'ailleurs. Des notes classiques de pomme, de poire et d'amande sont présentes au nez. La bouche est très élégante avec une texture assez grasse et une minéralité qui apporte de la fraîcheur. Un vin bien représentatif de son coin de pays qui vaut la recherche en magasin. Coup de cœur personnel !

SANCERRE, DOMAINE VACHERON
 35,25 $ page 166

À Sancerre, le domaine Vacheron est une référence pour moi. Les vins rouges ou blancs qui y sont produits sont toujours exemplaires et élégants. Ils ne me déçoivent jamais. Celui-ci, fait à base de sauvignon blanc, est droit, précis et minéral. Les arômes de fleurs, d'agrumes et de pomme verte se mélangent en délicatesse. Rien de trop parfumé, tout est bien dosé. Même chose en bouche où la minéralité (avec un côté calcaire) est bien présente, et où la fraîcheur accompagne la longue finale élégante. Ce vin sera délicieux avec des fruits de mer crus ou des poissons, comme le thon albacore cru de Simon Mathys (recette page 42).

Vins rouges

PINOT NOIR, VENICE, DOMAINE CARONE

 36,00 $ page 172

Le pinot noir est un des cépages prestigieux du domaine viticole, mais il est très difficile à produire, donc rarement abordable... Voilà pourquoi il se retrouve souvent dans les achats réservés aux occasions spéciales. Celui-ci est un vin québécois produit par le domaine Carone, dans la région de Lanaudière. Les amateurs de pinots noirs américains seront charmés par ses notes de mûre, de framboise et d'épices au nez. La bouche est également généreuse avec des tannins présents, mais aussi un côté fruité assez intense. Un rouge de chez nous pour célébrer en famille ou entre amis, voilà une belle découverte !

MORGON, DOMAINE DE LA CHANAISE, DOMINIQUE PIRON

21,35 $ page 173

Si vous demandez à différents sommeliers ce qu'ils boivent pour un apéro festif, le Morgon sera assurément dans leur palmarès. Faisant partie des 10 crus de la région de Beaujolais, il est l'un des plus célèbres et peut facilement se comparer à un vin de la Bourgogne avec ses notes fruitées. Le nez présente un côté végétal de betterave, des notes légèrement florales et une présence de fruits rouges. La bouche est vive avec de fins tannins. Bref, c'est un vin qui se boit tout seul ! Je vous suggère ici le Morgon de Dominique Piron, mais n'hésitez pas à goûter ceux de Marcel Lapierre, de Guy Breton ou de Jean Foillard si vous tombez sur une de leurs bouteilles. Ils sont tous les favoris des sommeliers et ont leur place dans les moments importants.

VERDUNO PELAVERGA, FRATELLI ALESSANDRIA

26,10 $ page 173

Dès que vous verserez ce vin dans les verres de vos invités, vous les surprendrez : la couleur est particulièrement pâle, plus rosée que rouge. Ce vin du Piémont, fait à base de pelaverga, un cépage italien peu connu, dégage des arômes plutôt agréables de fruits rouges, de poivre et de rose. En bouche, la souplesse domine, mais vous ressentirez quelques tannins en fin de bouche, en plus des notes fruitées. Servez-le un peu rafraîchi, autour de 18 °C (64,5 °F). Il plaira aussi aux amateurs de blancs et sera un excellent compagnon de la truite marinée (recette page 40). Une intéressante option de remplacement aux beaujolais et aux autres pinots noirs légers.

Mousseux

Champagne

VOUVRAY BRUT, DOMAINE VINCENT CARÊME

 24,20 $ page 178

Ce mousseux de la région de la Loire est produit en petite quantité et j'ai toujours hâte de le boire quand j'en trouve une bouteille en magasin. Fait à base de chenin blanc uniquement, il incarne bien l'élégance de sa région. Le nez présente des notes de pomme mûre et de citron, et la minéralité est omniprésente. La bouche est droite, désaltérante et assez ample. Plutôt sec, il ne risque pas de déplaire après plus d'un verre. Minéralité, précision et vivacité sont les mots clés pour définir ce très agréable mousseux dont les qualités s'approchent de celles d'un bon champagne.

CHAMPAGNE PREMIER CRU, TERRE DE VERTUS, LARMANDIER-BERNIER

71,75 $ page 180

À peine un peu plus cher que ceux des grandes maisons commerciales, ce champagne est un de mes préférés. D'une intensité incroyable avec ses notes de brioche, de levure et de champignon, il offre un parfait équilibre entre l'acidité et la richesse, signe qu'il s'agit ici d'un grand produit. Tant au nez qu'en bouche, vous remarquerez des subtilités à chaque gorgée : d'abord la pomme, ensuite les notes de pain grillé, puis la minéralité. La finesse et l'amplitude de cette cuvée, élaborée uniquement à base de chardonnay, vous feront découvrir un tout nouveau style de champagne, plus riche, plus complexe et moins acide que ce que vous connaissez probablement. Vraiment ma cuvée favorite pour les occasions spéciales !

Les vins bio, c'est quoi ?

Les vins bio, ce sont des vins produits à partir de raisins issus de l'agriculture biologique. Il s'agit d'une agriculture qui n'utilise pas de produits de synthèse, ni d'herbicide, de pesticide ou de fongicide chimiques. On comprend que ces vins soient de plus en plus populaires ! Si vous surveillez le contenu de votre assiette, pensez aussi à le faire pour le contenu de vos verres !

Bière

Apéro sans alcool

SAISON FROIDE, SÉRIE GASTRONOMIQUE, GLUTENBERG

⚜ **8,00 $ / 500 ml** page 182

Cette bière est le fruit d'une collaboration entre la microbrasserie Glutenberg et le sommelier François Chartier. Elle figure parmi la «série gastronomique» qu'ils ont concoctée ensemble et qui inclut des bières toutes aussi surprenantes les unes que les autres, toujours sans gluten, comme tous les autres produits de cette entreprise. Présenté dans une belle bouteille noire, ce produit à 5,9 % d'alcool est rafraîchissant et complexe, avec des notes acidulées, végétales et légèrement amères. La bouche est très vive et raffinée. Si vous êtes amateur de bière et que vous avez la chance de goûter à cette cuvée, saisissez-la ! Elle est produite en petite quantité par des talents québécois.

COCKTAIL ANANAS, GINGEMBRE ET CITRONNELLE

Le côté pétillant du soda gingembre apporte une touche festive, surtout si vous servez ce cocktail dans un verre à champagne. La citronnelle, pour sa part, ajoutera l'exotisme souvent négligé dans les boissons sans alcool.

POUR 1 PERSONNE
1 oz (30 ml) de sirop à la citronnelle
    (recette ci-dessous)
2 oz (60 ml) de jus d'ananas
2 oz (60 ml) de soda gingembre
    (*ginger ale*)
Glace

Dans un verre à champagne ou à cocktail, mettre un glaçon, puis verser le sirop à la citronnelle, le jus d'ananas et le soda gingembre. Mélanger.

Sirop à la citronnelle

8 oz (1 tasse) de sirop simple
    (recette page 13)
1 tige de citronnelle hachée en
    morceaux

Dans une petite casserole, porter à ébullition le sirop. Ajouter la citronnelle et laisser infuser 15 minutes, le feu éteint. Passer au tamis pour retirer les morceaux de citronnelle. Laisser refroidir complètement avant l'utilisation.

Pour manger en buvant

Recettes de Simon Mathys,
CHEF DU RESTAURANT ET DU BISTRO ACCORDS

Truite marinée avec yogourt et carotte marinée

POUR 8 PERSONNES

1 filet de truite de 250g environ (½ lb)
200 g (1 tasse) de sucre + 100 g (½ tasse)
290 g (1 tasse) de sel fin
55 g (½ tasse) de carotte râpée finement
3 c. à soupe de yogourt nature
1 carotte épluchée
250 ml (1 tasse) d'eau
250 ml (1 tasse) de vinaigre blanc
1 c. à café de beurre
3 c. à soupe de graines de citrouille
Sel et poivre

1. Déposer la truite dans un plat allant au réfrigérateur. Dans un bol, mélanger 200 g (1 tasse) de sucre, le sel et la carotte râpée. Recouvrir la truite de ce mélange. Réfrigérer 20 minutes.

2. Dessaler la truite à grande eau, et bien l'éponger avec un papier absorbant. Réserver au réfrigérateur dans un contenant sans couvercle.

3. Mettre le yogourt dans un bol. Saler et poivrer au goût. Réserver.

4. À l'aide d'une mandoline ou d'un couteau, couper la carotte en tranches très minces et les déposer dans un bol. Dans une petite casserole, mélanger l'eau, le vinaigre blanc et 100 g (½ tasse) de sucre. Amener à ébullition, puis verser sur les carottes et réserver.

5. Dans un poêlon, faire fondre le beurre. Ajouter les graines de citrouille et faire sauter jusqu'à ce qu'elles se colorent légèrement. Déposer sur un papier absorbant et saler.

6. Couper le filet de truite réservé en fines lanières, et les placer dans un plat de service. Sur chaque morceau, déposer un petit trait de yogourt et quelques rondelles de carotte marinée. Terminer avec les graines de citrouille en les écrasant légèrement entre les doigts pour en mettre un peu partout sur la truite

**Pour moi,
l'apéro…**
c'est la meilleure façon
de détendre l'atmosphère
et ça rend de bonne humeur
à la fin d'une journée
bien remplie !

Tartare de bœuf, crème fouettée à la moutarde

DONNE 12 BOUCHÉES

TARTARE DE BŒUF
160 g (5 ½ oz) de bœuf
4 c. à café d'échalote hachée
2 c. à café de moutarde de Dijon
2 c. à café de vinaigre de vin rouge
2 c. à café d'huile végétale
Sel et poivre

CRÈME FOUETTÉE
180 ml (¾ tasse) de crème
    35 % à fouetter
1 c. à soupe de moutarde
    de Dijon
Sel et poivre
10 craquelins (au choix)

1. Hacher le bœuf au couteau le plus finement possible. Mettre dans un bol et ajouter tous les ingrédients du tartare. Mélanger jusqu'à ce que la préparation soit bien homogène. Rectifier l'assaisonnement, au goût. Réserver au froid.

2. Mettre la crème 35 % dans un bol. Ajouter la moutarde, saler et poivrer. À l'aide d'un fouet ou d'un batteur électrique, fouetter la crème jusqu'à l'obtention de pics mous. Réserver au froid.

3. Déposer 1 c. à soupe comble de tartare sur un craquelin, et garnir de 1 c. à café de crème fouettée à la moutarde. Servir aussitôt.

Thon albacore cru, émulsion au citron et beurre de ciboulette

DONNE 10 CUBES DE THON

80 g (2 ¾ oz) de thon albacore
    (de qualité tartare) coupé
    en cubes de 1 cm (½ po)
2 c. à soupe de mayonnaise
227 g (½ lb) de beurre salé
½ botte de ciboulette hachée
    grossièrement
Fleur de sel
Jus de citron
Sel et poivre

1. Déposer le thon sur une assiette et assaisonner avec la fleur de sel et le poivre (au goût). Ajouter quelques gouttes de jus de citron. Réserver au froid.

2. Mettre la mayonnaise dans un bol et ajouter du jus de citron (au goût). Saler et poivrer. Mélanger.

3. Dans une petite casserole, faire fondre le beurre à feu doux. Verser le beurre chaud dans le contenant du mélangeur, avec la ciboulette. Mélanger à haute vitesse jusqu'à ce que la préparation soit homogène. Mettre le beurre de ciboulette dans un contenant résistant au froid et le placer au congélateur jusqu'à ce qu'il soit bien figé.

4. Garnir les morceaux de thon de 1 c. à café de l'émulsion au citron. À l'aide d'une microrâpe, râper le beurre de ciboulette sur l'émulsion au citron.

Les soirées de filles

Dans une soirée de filles, on veut d'abord jaser avec les copines : en savoir plus sur le nouveau travail de l'une, les amours de l'autre, le déménagement récent d'une troisième... Et ce qu'on désire par-dessus tout, c'est s'amuser ! Pour vous et vos amies, j'ai trouvé des produits originaux (parce que nous, les filles, on aime ça la nouveauté !) qui plairont au palais féminin. Qui sait, ils deviendront peut-être les incontournables de vos soirées !

Cocktail

Punch

VODKA RHUBARBE

Découvert l'an dernier, le jus de rhubarbe pétillant a été un véritable coup de cœur pour moi. J'ai tout de suite eu envie d'en faire un cocktail frais et acidulé !

POUR 1 PERSONNE
1 oz (30 ml) de vodka
1 oz (30 ml) de jus de pamplemousse rose
3 oz (90 ml) de jus pétillant de rhubarbe (de la marque La Rhubarbelle)
Glace

Dans un verre, ajouter des glaçons et verser tous les ingrédients en terminant par le jus pétillant de rhubarbe. Bien brasser avant de servir.

CONSEIL DE MARIE

Laissez tomber la vodka et vous obtiendrez un cocktail sans alcool très rafraîchissant ! (Pour les points de vente du jus pétillant de rhubarbe, consultez le site rhubarbelle.com.)

PUNCH À LA FRAMBOISE

J'adore la liqueur de framboise. Pour les cocktails, bien sûr, mais aussi pour verser sur la crème glacée garnie de petits fruits. Je vous conseille d'en garder une bouteille dans votre bar pour ajouter au vin blanc ou pour concocter ce punch frais et fruité !

POUR 8 PERSONNES
8 oz (240 ml) de vodka
5 oz (150 ml) de liqueur de framboise (de la marque Chambord)
16 oz (480 ml) de jus d'ananas
8 oz (240 ml) de soda
Framboises fraîches (décoration)
Glace

Dans un contenant à punch, mélanger tous les ingrédients, sauf la glace. Déposer quelques glaçons dans les verres avant de servir (ne pas ajouter les glaçons directement dans le bol pour éviter de diluer le punch). Ajouter quelques framboises dans chacun des verres, et servir !

Vins blancs

IGP CÔTES DE GASCOGNE, GROS MANSENG/SAUVIGNON, VIGNOBLES BRUMONT

 13,80 $ page 166

Ce vin vif et frais devrait plaire aux amatrices de sauvignons blancs provenant de la Nouvelle-Zélande. Et elles sont nombreuses ! Produit par un des grands vignerons du sud-ouest de la France, Alain Brumont, ce vin est un assemblage de gros manseng, un cépage typique de cette région, et du très répandu sauvignon blanc. Des notes végétales, florales, mais surtout d'agrumes composent le nez discret de cette cuvée. Vous goûterez surtout ses notes herbacées et citronnées ainsi que son acidité. Le résultat est délicat, simple, rafraîchissant et idéal pour un soir de semaine entre amies, en plus d'être très abordable.

VERDICCHIO DEI CASTELLI DI JESI CLASSICO, VELONESI

 16,90 $ page 166

Provenant de la région des Marches, en Italie centrale, ce vin blanc aux arômes d'été vous donnera envie de *farniente* et d'évasion dès la première gorgée ! Il est fait à partir de verdicchio, un cépage répandu dans le centre de l'Italie et de plus en plus populaire ici. Des notes florales et fruitées composent le nez assez délicat : vous sentirez des effluves de lime, de camomille et de citron. En bouche, vous remarquerez les saveurs fruitées d'abricot et de melon, mais, surtout, un corps assez ample et une acidité discrète. Surprise : en finale, ce vin est sec avec une légère pointe d'acidité. Un blanc conçu pour l'apéro. À essayer absolument !

Un vin sec ?

Un vin sec est un vin qui contient au maximum 4 grammes de sucre par litre à la suite de la fermentation. Or, certains vins blancs et vins rouges très populaires à la SAQ présentent un taux de sucre oscillant entre 10 et 15 grammes ! Vous pouvez maintenant vérifier que vous buvez bel et bien un vin sec (ou non !) sur le site de la SAQ, dans la section « Infos détaillées » de chacun des vins.

ALSACE PINOT GRIS, RESERVE, PIERRE SPARR
🍷 **17,95 $** page 166

Ce vin s'adresse à celles qui aiment les produits assez ronds et fruités comme les pinots grigio et les muscats (qui sont parmi les produits les plus vendus à la SAQ). Provenant de l'Alsace, ce pinot gris, l'équivalent français du pinot grigio italien, est vinifié de façon demi-sec (afin qu'il reste un peu de sucre dans le vin) par le vignoble familial Pierre Sparr. Il est assez aromatique, avec des notes d'épices, de fleurs et de melon, typiques de ce cépage. La bouche est enrobante et un peu sucrée (le goût de melon étant plutôt présent), mais profite d'une acidité suffisante pour équilibrer le tout. À servir bien frais pour entamer l'apéro.

COSTIÈRES DE NÎMES, LE GRAND AMANDIER, CHÂTEAU DES TOURELLES
🍷 **17,00 $** page 166

Je m'intéresse de plus en plus aux vins blancs du sud de la France, et celui-ci fait partie de mes belles découvertes. Il s'agit d'un blanc qui a du corps et qui peut très bien ressembler à un chardonnay, au grand bonheur de celles qui ne jurent que par ce cépage. Des notes d'épices, de pêche et de noix vous indiqueront dès le départ que vous avez affaire à un blanc qui se distingue des autres. Sa composition de roussanne et de grenache, deux cépages du sud de la France, lui confère beaucoup de corps et une texture assez riche en bouche, en plus des goûts d'amande et de fruits confits. Proposant une acidité discrète, ce blanc élégant et généreux sera le parfait compagnon de vos bouchées à base de fruits de mer ou de la mousse de foies de volaille de Marc-André Jetté (recette page 57).

Vins rouges

PINOT NERO DELLE VENEZIE, SANTI NELLO

🍷 **11,65 $** page 173

Produit en Vénétie, dans le nord de l'Italie, ce pinot noir est tout indiqué pour les soirées de dernière minute, car il est très facile à trouver. Assez léger (comme la plupart des pinots noirs) et dépourvu de tannins marqués, il devrait plaire à toutes. La cerise et la framboise dominent les arômes fruités assez expressifs. Sans surprise, ce côté fruité reste très présent en bouche, bien qu'une légère amertume et des tannins à peine perceptibles viennent compléter la dégustation. Sa rondeur est probablement l'aspect de ce vin que vous remarquerez et qui vous plaira. C'est un rouge parfait pour se concentrer sur la conversation et refaire le monde entre copines. Et surtout, c'est une aubaine comme on les aime !

ALICANTE, LADERAS DE EL SEQUE, ARTADI

🍷 **16,30 $** page 173

J'aime beaucoup ce vin qui est élaboré par une grande maison espagnole, Artadi, située près de Valence en Espagne. C'est un rouge léger où les notes de jeunes fruits, de vanille et de groseille se mélangent avec celles du bleuet et de la cerise. Ces notes fruitées sont complétées par une bonne rondeur en bouche, et équilibrées par une agréable acidité. Personnellement, c'est un type de vin que j'apprécie et pour lequel je payerais volontiers quelques dollars supplémentaires. Lorsque vous le verrez sur les tablettes, assurez-vous de vous procurer quelques bouteilles, car son seul défaut est d'être offert en quantité limitée !

CONSEIL DE MARIE

Essayez aussi le rioja à base de tempranillo, produit par la même maison (19,00 $). Un peu plus charnu, il pourra accompagner votre repas une fois l'apéro terminé.

NAOUSSA, JEUNES VIGNES DE XINOMAVRO, DOMAINE THYMIOPOULOS

🍷 **19,45 $** page 173

Parmi les nouvelles régions à découvrir pour leur production vinicole, la Grèce est un incontournable. Ce rouge léger et rafraîchissant est un de mes coups de cœur depuis l'été dernier, et j'adore le faire découvrir à mes amies. Vous remarquerez sa teinte assez claire, qui annonce un vin léger, et ses arômes de cerise et de cassis qui sont très charmants. Le nez léger et fruité est complété par des notes d'épices, et est légèrement herbacé. La bouche est souple (le vin a peu de corps) et vous percevrez de légers tannins sur la finale. Bref, un vin de fruits qui ajoutera du bonheur à l'apéro et qui deviendra facilement un grand favori !

Mousseux

Champagne

PROSECCO SUPERIORE, CREDE, BISOL

🍷 22,80 $ page 178

Ce vin effervescent fait partie de mes incontournables et, je l'espère, deviendra un de vos produits favoris. Le prosecco est un vin mousseux de l'Italie, et la maison Bisol en produit plusieurs cuvées d'excellente qualité, comme celle-ci faite à base du cépage glera. Les bulles généreuses de ce mousseux laissent échapper des notes parfumées de fleurs, de tilleul et de fruits. Vous trouverez la poire, l'amande et le citron parmi les nombreux arômes présents au nez. Les bulles assez fines, les goûts de pêche et de citron ainsi que la finale assez ronde sont équilibrés par une acidité vive. Une belle découverte à faire entre amies, surtout pour celles qui privilégient habituellement les mousseux californiens.

CHAMPAGNE ROSÉ, GRAND CRU, LALLIER

🍷 52,25 $ page 180

Voici un nouveau rosé sur les tablettes. Avec son prix très sympathique et son accessibilité, c'est la bouteille de bulles idéale pour fêter avec vos amies. Sa charmante couleur (plus pêche que rosée) donnera le ton à la célébration. Le nez de ce champagne rosé est délicat avec des arômes de pomme, de fraise et de rose, sans être trop sucré. Vous apprécierez la finesse de ce grand cru en bouche, avec son corps dense, ses petites notes d'amande et une finale légèrement acidulée. Vous aurez hâte à la prochaine célébration entre amies pour partager cette très belle découverte !

Bière

Apéro sans alcool

ROSÉE D'HIBISCUS, BRASSERIE DIEU DU CIEL

2,35 $ / 341 ml page 182

La Rosée d'Hibiscus, de la brasserie Dieu du Ciel, est une bière blanche de blé dans laquelle on a fait infuser des pétales d'hibiscus, ce qui lui donne une teinte rosée qui la rend unique. Au nez, les notes florales et de fruits rouges sont bien dosées et pas trop puissantes. La bouche est ronde avec une légère acidité, et on perçoit toujours l'aspect fruité. La texture est crémeuse et agréable à boire... Cette bière douce est désaltérante et plus raffinée que les marques populaires. Une bonne option pour les copines !

MUSCAT, NATUREO, TORRES

9,45 $ page 184

Ce type d'apéro est particulièrement apprécié par les futures ou les nouvelles mamans qui ne boivent pas d'alcool. Oui, vous pouvez concocter de délicieux cocktails *virgin*, mais vous pouvez aussi servir un bon vin blanc... à 0,5 % d'alcool ! À tous points de vue, ce vin désalcoolisé est similaire à un vin blanc léger et fruité. Le nez sent le melon et la pêche, et la bouche est également très fruitée. La finale est sucrée, mais présente une belle fraîcheur. À servir bien froid pour équilibrer les saveurs.

Pour manger en buvant

Recettes de Marc-André Jetté,
CHEF DU RESTAURANT HOOGAN ET BEAUFORT

Craquelins maison aux pommes marinées et aux oignons caramélisés

DONNE 20 PORTIONS

POMMES MARINÉES

200 g (1 tasse) de cassonade
180 ml (¾ tasse) de vin rouge
180 ml (¾ tasse) de vinaigre de vin rouge
½ c. à café de graines
de moutarde (facultatif)
½ citron
1 clou de girofle
Pincée de piment d'Espelette (facultatif)
7 gousses de cardamome
7 graines de coriandre
2 ½ c. à soupe de gingembre frais, râpé
5 pommes Honey Crisp épluchées,
le cœur enlevé, coupées en quatre

CRAQUELINS

230 g (2 tasses) de farine tout usage
20 g (¼ tasse) de farine de seigle
1 ½ c. à café de sel
1 ½ c. à café de sucre
40 g (⅛ tasse) de beurre
160 ml (⅔ tasse) de lait
½ c. à café de graines de fenouil moulues
½ c. à café de graines de cumin moulues
1 pincée de graines de fenouil, grossièrement
concassées
1 pincée de graines de cumin, grossièrement
concassées
80 g (½ tasse) d'oignons caramélisés maison ou
du commerce (pour garnir)
Feuilles de céleri (pour garnir)

Pour moi, l'apéro...

c'est tout ! Comme chef, j'aime préparer des recettes simples et créatives pour l'apéro, et être bien organisé pour profiter pleinement de ce moment avec mes invités, un petit verre à la main !

1. Dans une casserole, mélanger tous les ingrédients sauf les pommes et amener à ébullition. Baisser à feu doux et laisser mijoter 20 minutes. Ajouter les pommes et cuire encore 10 minutes. Retirer du feu et laisser les pommes refroidir dans le liquide.

2. Préchauffer le four à 160 °C (325 °F). Tapisser une plaque à biscuits de papier sulfurisé (ou utiliser une plaque antiadhésive).

3. Dans un grand bol, mélanger les farines, le sel, le sucre, le beurre, le lait et les graines de fenouil et de cumin moulues. Avec les mains, bien mélanger pour rendre la pâte homogène. Laisser reposer 1 heure au réfrigérateur.

4. À l'aide d'un rouleau à pâtisserie, sur un plan de travail fariné, abaisser la pâte à une épaisseur de 2 mm (⅛ po) pour former un rectangle. (On peut aussi amincir la pâte à l'aide d'un laminoir, puis la déposer sur un plan de travail fariné.) Humecter la surface de la pâte avec de l'eau et saupoudrer des graines de fenouil et de cumin concassées. Déposer le rectangle sur la plaque et cuire au four jusqu'à ce que la pâte soit dorée et craquante. Laisser refroidir. Casser les craquelins en morceaux de 4 cm (1 ¾ po) de côté.

5. Montage : sur chaque craquelin, déposer environ 1 c. à café d'oignons caramélisés, ajouter des tranches de pommes marinées, puis décorer de feuilles de céleri.

(Voir photo page 55)

Mousse de foies de volaille et gelée de sirop d'érable

DONNE 1 LITRE
(4 TASSES) DE MOUSSE

MOUSSE DE FOIES DE VOLAILLE
200 g (1 tasse) de beurre
200 g (1 tasse) de gras de canard
500 g (17 oz) de foies de volaille
6 jaunes d'œufs
500 ml (2 tasses) de crème chaude
3 c. à soupe de scotch ou de whisky (facultatif)
Sel et poivre

GELÉE DE SIROP D'ÉRABLE
125 ml (½ tasse) d'eau
125 ml (½ tasse) de sirop d'érable
2 feuilles de gélatine (½ sachet de gélatine en poudre)
Sel

1. Au robot culinaire, mélanger le beurre et le gras de canard jusqu'à ce que la texture soit lisse. Sans arrêter l'appareil, ajouter les foies un à un, puis les jaunes d'œufs un à un. Ajouter la crème chaude tout en continuant à mélanger. Poser un tamis fin sur un bol. Passer la préparation de foies dans le tamis pour filtrer les grumeaux. Ajouter le scotch ou le whisky, si désiré. Saler, poivrer, puis bien mélanger.
2. Préchauffer le four à 150 °C (300 °F). Répartir la mousse dans des ramequins. Les couvrir d'abord de pellicule de plastique, puis de papier d'aluminium. Déposer les ramequins dans un moule en pyrex allant au four, puis ajouter de l'eau jusqu'à la moitié de la paroi des ramequins. Cuire au four environ 30 minutes, ou jusqu'à ce que la température des mousses atteigne 77 °C (170 °F) et que la texture soit ferme. Laisser refroidir.
3. Dans une petite casserole, chauffer l'eau et le sirop d'érable à feu doux. Dans un bol d'eau très froide, faire tremper les feuilles de gélatine 5 minutes ou jusqu'à ce qu'elles soient bien hydratées (molles). Les retirer de l'eau, les presser délicatement pour enlever l'excédent d'eau et les faire fondre dans le mélange au sirop d'érable. Saler.
4. Verser une petite quantité de la préparation au sirop d'érable sur chaque mousse de foies de volaille refroidie. Réfrigérer au moins 4 heures. Servir accompagné de pain de seigle grillé ou de craquelins.

(Voir photo page 59)

Concombre garni de fromage de chèvre au miel et aux échalotes

DONNE 30 BOUCHÉES

300 g (10 oz) de fromage de chèvre crémeux (de type Tournevent)
1 c. à soupe de miel
50 g (⅓ tasse) d'échalotes au vin blanc (recette ci-dessous)
1 concombre anglais épluché, coupé en tranches de 1 cm (½ po)
10 raisins verts coupés en tranches
Feuilles d'oseille ou de coriandre
Poivre

1. Dans un bol, mélanger le fromage de chèvre, le miel et les échalotes au vin blanc. Poivrer.

2. Sur chaque tranche de concombre, déposer 1 c. à soupe de la préparation au fromage de chèvre (ou utiliser la poche à pâtisserie pour un effet plus raffiné). Ajouter une tranche de raisin vert et coiffer d'une feuille d'oseille ou de coriandre.

Échalotes au vin blanc

2 échalotes coupées en petits dés
160 ml (⅔ tasse) de vin blanc sec

1. Dans une petite casserole, mettre les échalotes et le vin blanc. Amener à ébullition, puis réduire à feu doux et cuire jusqu'à ce que tout le liquide soit évaporé. Laisser refroidir.

Les soirées de gars

Il est faux de croire que les gars sont satisfaits de toujours boire la même bière ou le même rouge. Au contraire, ils aiment bien impressionner leurs amis avec une découverte qu'ils ont faite eux-mêmes... Dans ce chapitre, messieurs, je vous suggère des bières, des cocktails et des vins qui devraient vous plaire, des produits sans flafla et juste assez costauds pour vos soirées à saveur masculine (et je vous laisse le crédit si vous vous inspirez de mes suggestions !).

Cocktail

Punch

OLD FASHIONED REVISITÉ

Ce cocktail classique peut être interprété de différentes façons. Ici, je vous présente ma version faite avec du bourbon. Je préfère cet alcool au whisky traditionnel, car ses notes sont plus sucrées.

POUR 1 PERSONNE
1 cube ou 1 c. à café de sucre blanc
3 à 4 gouttes d'angostura ou de votre amer (*bitter*) préféré
½ tranche d'orange
1 oz (30 ml) de soda (environ)
2 oz (60 ml) de bourbon
Glace

Dans un verre à cocktail, mettre le sucre, l'amer et la demi-tranche d'orange. Ajouter le soda et écraser les ingrédients avec un pilon ou le dos d'une cuillère. Ajouter quelques glaçons et verser le bourbon. Un cocktail à siroter en prenant tout son temps, comme si l'on était à l'époque de la série américaine *Mad Men*.

SUGGESTIONS DE BOURBONS

Voici deux bourbons vendus à la SAQ et offrant un excellent rapport qualité-prix :
Maker's Mark, 47,00 $
Knob Creek, 45,75 $

ROB ROY À L'ORANGE

L'idée de concocter un punch peut sonner très peu « masculin » pour plusieurs d'entre vous… Mais attendez de goûter à ce cocktail classique, fait à base de scotch, et vous serez bien fier de le servir pour accueillir vos amis !

POUR 8 PERSONNES
12 oz (360 ml) de scotch
4 oz (120 ml) de vermouth rouge
8 oz (240 ml) de jus d'orange
2 c. à café d'amer (*bitter*) de votre choix
Glace

Dans un contenant à punch, mélanger tous les ingrédients et ajouter de la glace.

SUGGESTIONS DE SCOTCHS

Il y a plusieurs *single malt* exceptionnels que vous pouvez siroter à la fin d'une soirée, mais voici mes 3 choix pour des scotchs de bonne qualité à un prix abordable :
Té Bheag, 39,75 $
Aberlour 10 ans, 52,25 $
Islay Mist 12 ans, 56,00 $

Vins blancs

VINHO REGIONAL ALENTEJANO, CHAMINÉ, CORTES DE CIMA

 14,50 $ page 166

Les vins portugais figurent parmi les meilleurs rapports qualité-prix du marché, et l'offre est de plus en plus riche. La maison Cortes de Cima, surtout connue pour ses vins rouges, propose un très bon blanc qui respecte les critères de qualité et qui est abordable, comme ses autres produits. Ce vin de la région d'Alentejano, au sud du Portugal, est frais et parfait pour entamer simplement l'apéro. Au nez, les premières notes sont surtout végétales, mais vous percevrez également un côté floral et des notes d'agrumes. Avec une bonne acidité, la bouche est rafraîchissante et sec, sans flafla.

IGP CYCLADES, ATLANTIS, DOMAINE ARGYROS

 19,70 $ page 167

Ce vin blanc est arrivé discrètement en tablette il y a quelques années, et en a surpris plusieurs par son origine : la Grèce ! Pays méconnu par plusieurs (pour ses vins, vous l'aurez compris), il est désormais un grand favori des sommeliers. Originaire de l'île de Santorin, ce blanc rafraîchissant, à base du cépage grec assyrtiko, fait partie de mes chouchous. Très minéral, voire iodé, il dégage une odeur de craie complétée par des effluves citronnés. Avec une dominante d'acidité en bouche, le vin présente quand même du corps, mais ce sont la minéralité et la vivacité qui dominent. Si vous avez un vin grec à faire découvrir aux amis, c'est celui-ci !

PRIORAT, BARRANC DEL CLOSOS, MAS IGNEUS

🍷 **24,35 $** page 167

J'achète systématiquement ce vin depuis son arrivée à la SAQ. Il est un peu plus cher que la moyenne, mais je n'ai aucun regret lorsque la bouteille est ouverte ! Fait à base de grenache blanc et de pedro ximenez, ce blanc espagnol plaira aux amateurs de chablis dès la première gorgée. Le nez est très minéral, avec un côté citronné. Il libère même de petites notes de pétrole ! En bouche, comme un chablis, il est très vif, très droit, et possède un léger goût de calcaire tellement il transpire la minéralité. Vous remarquerez aussi les notes d'amande et de citron qui accompagnent une finale complètement sec. Un coup de cœur !

Vins rouges

VALDEPENAS, GRAN RESERVA, LAGUNA DE LA NAVA

🍷 **17,10 $** page 173

Une bouteille classique pour plusieurs, facile à repérer avec son canard sur l'étiquette ! Cette valeur sûre est un autre bel exemple de vin espagnol à prix abordable que vous aimerez déguster en début de soirée. Le Laguna de la Nava vient du centre de l'Espagne et est produit à base de tempranillo. Ce rouge s'adresse aux amateurs de vins plus charnus, car son nez est assez épicé et dégage des notes de menthe, de torréfaction et de fruits rouges bien mûrs. En bouche, les épices, telles que l'anis et le poivre, viennent se mélanger aux notes de prune pour compléter le corps et les tannins assez présents. Idéal pour accompagner des ailes de poulet relevées ou encore la caponata au chorizo d'Éric Dupuis (recette page 70).

MONTEPULCIANO D'ABRUZZO, MASCIARELLI

🍷 **17,70 $** page 174

La région des Abruzzes, en Italie, produit des vins rouges et blancs abordables, et plusieurs de ces produits sont offerts sur les tablettes de la SAQ. Ce rouge-ci est assez facile à trouver et fait souvent partie des suggestions que j'offre à mes amis, parce que les artisans derrière ce vin font les choses sérieusement. Produit à base de montepulciano uniquement, ce vin dégage des arômes de fruits noirs, de violette et d'épices assez présents dès qu'on y plonge le nez. Un rouge plus léger que corsé, mais avec un peu de caractère tout de même ! En bouche, les tannins charnus sont en équilibre avec la fraîcheur, ce qui est très agréable. Un vin qui accompagnera parfaitement vos discussions animées !

Découvrir les vignerons

Si l'un des vins dégustés vous plaît, n'hésitez pas à en essayer un autre du même producteur. Un vigneron de talent fait souvent plusieurs vins, soit dans différentes appellations, soit de différentes gammes. Partez à la découverte de vos vignerons favoris !

LANGHE NEBBIOLO, PRODUTTORI DEL BARBARESCO

🍷 **26,20 $** page 174

Le Piémont est une région du nord de l'Italie que j'affectionne beaucoup et qui mérite d'être mise à l'avant-plan pour la diversité de ses vins et de ses terroirs. On la compare d'ailleurs souvent à la Bourgogne. Je vous présente ici un rouge de l'appellation Langhe, qui fait partie de mes classiques. Il est le vin d'entrée de gamme d'une très talentueuse coopérative. La cerise, la rose et les épices composent un nez assez discret. La bouche est plus expressive avec des tannins présents, une bonne acidité et une longue finale. Si vous avez envie de vous gâter, essayez les autres barbaresco de la même maison. Un délice !

BONARDA, COLONIA LAS LIEBRES, ALTOS LAS HORMIGAS

🍷 **16,20 $** page 174

Le bonarda est un raisin rouge originaire de l'Argentine. Il est assez rare, et certains vins issus de ce cépage sont plutôt rustiques et peu raffinés. Celui-ci ne fait pas du tout partie de ce lot et est un de mes coups de cœur. Le nez est très expressif, passant de notes végétales à fruitées, et est légèrement épicé avec des arômes de cuir. Assurément plus complexe que ce à quoi on peut s'attendre d'un vin de ce prix ! Bien que les tannins soient souples, le corps est assez structuré, alors que les saveurs d'épices et de champignon complètent le tout. Si vous êtes amateur des syrahs de la vallée du Rhône, vous ferez ici une belle découverte. Mon seul souhait pour ce produit : qu'il soit disponible en plus grande quantité !

Mousseux   Champagne

CRÉMANT DU JURA, DOMAINE ROLET PÈRE ET FILS
🍷 24,60 $ page 178

Produit dans le Jura, une région à l'est de la Bourgogne, ce mousseux français a du corps et n'a rien à voir avec les mousseux populaires, souvent trop parfumés. Composé majoritairement de chardonnay et complété par du poulsard, un cépage typique de la région, ce crémant conçu par la famille Rolet est vraiment intéressant. Au nez, les arômes de pomme, de pain grillé et les effluves légèrement iodés en font un vin typique du terroir du Jura. La bouche aussi est assez puissante avec un fond d'amande et des notes grillées donnant un mousseux ample. Un bel accompagnement au pop-corn piquant (recette page 72) !

CHAMPAGNE BRUT, POL ROGER
🍷 61,25 $ page 180

Messieurs, vous avez ici un champagne assez classique, idéal pour célébrer la bonne nouvelle du moment ! Les trois cépages emblématiques de la région se retrouvent dans cette cuvée, soit le chardonnay, le pinot noir et le pinot meunier, pour en faire un champagne puissant et structuré. Ce vin effervescent est précis, avec une bonne minéralité et une petite pointe d'acidité en finale. Vous goûterez ses arômes citronnés, floraux et légèrement briochés. Un bel exemple de réussite pour la grande maison Pol Roger, qui est l'une des rares à être encore indépendante et familiale.

Bière

Apéro sans alcool

LA SAISON DU TRACTEUR, TROU DU DIABLE
🍂 **5,50 $ / 600 ml** page 182

Cette bière, créée à Shawinigan (lieu de mon adolescence !) par les passionnés de la microbrasserie Le Trou du Diable, a du caractère et plaira aux amateurs de produits équilibrés et goûteux. Vous découvrirez ici une ale blonde à 6 % d'alcool, assez complexe, qui comporte une bonne acidité, comme la plupart des bières de type saison produites surtout en Belgique. Le goût de levure complète bien les saveurs d'agrumes et d'épices de cette bière rafraîchissante. N'hésitez pas à essayer un autre produit de cette microbrasserie, comme la Pitoune ou la MacTavish !

BITBURGER DRIVE
1,50 $ / 355 ml page 184

Cette bière blonde allemande est assez typique. Vous risquez même de ne pas remarquer qu'elle ne contient pas d'alcool si vous ne vous attardez pas aux détails de l'étiquette. D'une belle couleur dorée, les arômes de céréales et de houblon sont agréables en bouche. Légère et acidulée, avec une petite amertume en finale, elle se rapproche vraiment des bières alcoolisées. Sans compromis, elle est rafraîchissante et parfaite en toutes occasions !

Pour manger en buvant

Recettes d'Éric Dupuis,
CHEF DES RESTAURANTS TAVERNE SQUARE DOMINION,
BALSAM INN ET HENRIETTA

Caponata au chorizo

POUR 8 PERSONNES

160 ml (⅔ tasse) d'huile d'olive

150 g (1 tasse) d'oignon rouge coupé en morceaux de 2 cm (¾ po)

115 g (1 tasse) de céleri coupé en dés de 2 cm (¾ po)

1 grosse gousse d'ail hachée

225 g (1 tasse) de chorizo piquant coupé en dés de 2 cm (¾ po)

160 g (2 tasses) d'aubergine coupée en dés de 2 cm (¾ po)

240 g (2 tasses) de courgette coupée en dés de 2 cm (¾ po)

145 g (1 tasse) de poivron rouge ou jaune coupé en dés de 2 cm (¾ po)

310 g (1 ⅓ tasse) de tomates Roma entières (en conserve) écrasées à la main

70 g (½ tasse) de raisins Sultana réhydratés dans l'eau chaude et égouttés

2 c. à café de citron confit (salé) haché

6 branches de thym frais

2 c. à soupe de vinaigre de vin rouge

2 c. à soupe de câpres rincées

30 g (¼ tasse) d'olives vertes dénoyautées et rincées, coupées en deux

4 c. à café de persil haché grossièrement

Feuilles de basilic

Sel

1. Dans un poêlon chauffé à feu doux, faire suer dans 80 ml (⅓ tasse) d'huile l'oignon et le céleri pendant 3 minutes. Ajouter l'ail et le chorizo et mélanger. Ajouter les dés d'aubergine, 50 ml (¼ tasse) de l'huile restante et faire suer 5 minutes. Ajouter les dés de courgette et de poivron, et faire suer 3 minutes. Saler et mélanger. Ajouter les tomates, les raisins, le citron confit, le thym, le vinaigre et mélanger.

2. Couvrir et laisser mijoter environ 30 minutes (les légumes doivent être tendres, mais pas en purée). Retirer du feu et ajouter les câpres, les olives, le persil et le reste de l'huile.

3. Servir tiède ou froid, décoré de feuilles de basilic, accompagné de pains plats, de pitas, de pain grillé ou de nachos.

Pour moi, l'apéro…

ça n'arrive pas assez souvent ! C'est l'occasion d'échanger avec des amis qu'on voit de plus en plus rarement, faute de temps. À l'apéro, on improvise, on rit, on boit… mais jamais le ventre vide !

Potted shrimps

150 g (⅔ tasse) de beurre non salé
2 échalotes hachées
80 ml (⅓ tasse) de porto rouge
1 pincée de piment de Cayenne
    moulu
1 pincée de muscade moulue

500 g (1 lb) de crevettes nordiques
    fraîches
4 c. à café de jus de citron
    fraîchement pressé
2 c. à soupe de cerfeuil
    grossièrement haché
Sel et poivre

1. Dans un poêlon chauffé à feu moyen, faire fondre le beurre jusqu'à ce qu'il soit mousseux. Ajouter les échalotes et les faire suer environ 3 minutes ou jusqu'à ce qu'elles deviennent translucides. Verser le porto et chauffer à feu élevé pour déglacer le poêlon jusqu'à ce que le liquide ait réduit de moitié. Ajouter le piment de Cayenne et la muscade, et laisser frémir à feu très doux 2 minutes.

2. Ajouter les crevettes et bien mélanger en chauffant à feu moyen 3 minutes. Retirer le poêlon du feu. Ajouter le jus de citron, le cerfeuil et mélanger. Saler et poivrer. Servir tiède sur des rôties de pain de seigle ou autre variété de pain grillé.

Pop-corn piquant

80 ml (⅓ tasse) d'huile d'olive
2 grosses gousses d'ail hachées
    moyennement
1 c. à café de piment piri-piri en
    flocons
4 c. à café de fleur de sel
1 c. à café de cumin moulu

1 c. à café de coriandre moulue
1 c. à café de paprika fumé
200 g (1 tasse) de maïs à éclater
2 c. à soupe d'huile de pépins de raisin
Zeste de ½ citron
2 c. à soupe de coriandre fraîche
    hachée grossièrement

1. Dans une petite casserole à feu très doux, chauffer l'huile d'olive avec l'ail et le piment piri-piri de 10 à 12 minutes. Retirer du feu et laisser tiédir.

2. Dans un petit bol, mélanger la fleur de sel, le cumin, la coriandre moulue et le paprika fumé. Réserver.

3. Dans une casserole avec couvercle, à feu moyen-élevé, faire éclater le maïs avec l'huile de pépins de raisin jusqu'à ce que la majorité des grains soient éclatés. Verser le maïs dans un grand bol.

4. Verser sur le maïs l'huile aromatisée réservée, et bien mélanger. Saupoudrer du sel assaisonné et du zeste et bien mélanger. Parsemer de la coriandre.

Les soirées d'amoureux

Certains produits méritent d'être dégustés lentement, avec une personne qui nous est chère. Que ce soit lors d'un rendez-vous amoureux qui se prolonge, à l'occasion d'un moment volé au quotidien ou en tête-à-tête avec la personne que vous chérissez, le contenu de vos verres mérite d'être choisi avec soin... Ici, pas d'alcool hors de prix, mais plutôt des trouvailles qui ont une âme et qui favoriseront les moments d'intimité.

Cocktail   Punch

TI-PUNCH DE LUXE

Ce classique des Antilles est parfait pour se réchauffer et bien commencer une soirée à deux. Puisqu'il est assez puissant en alcool, je préfère utiliser un rhum haut de gamme, question de privilégier la qualité à la quantité de cocktails consommés !

POUR 1 PERSONNE

1 c. à café de sirop de canne ou
    de sirop simple maison (recette
    page 13) ou de sucre de canne
2 quartiers de lime
2 oz (60 ml) de rhum brun vieilli
Glace

Dans un petit verre à cocktail, verser le sirop (ou le sucre de canne) et presser les 2 quartiers de lime et les laisser tomber dans le verre. Ajouter 1 ou 2 glaçons. Verser le rhum et tourner lentement votre verre pour mélanger les ingrédients. Déguster.

SUGGESTION DE RHUM

Concocté par ma maison préférée, il reste vraiment abordable pour un rhum vieilli 12 ans !
Rhum 12 ans, Demerara El Dorado, 36,00 $

APEROL SPRITZ

Un classique vénitien ! Si un jour vous avez la chance de prendre l'apéro en Italie, vous m'en donnerez des nouvelles. D'ici là, voici ma recette à préparer pour sortir de la routine.

POUR 2 PERSONNES

4 oz (120 ml) d'Apérol
4 oz (120 ml) de jus de
    pamplemousse rose
7 oz (210 ml) de prosecco ou
    d'un autre vin mousseux
Tranches d'orange ou de
    pamplemousse (décoration)
Glace

Dans un petit pichet, mettre plusieurs glaçons. Verser l'Apérol, le jus de pamplemousse et terminer par le mousseux. Décorer de quelques tranches d'orange ou de pamplemousse. Savourer en s'imaginant être à Venise, la ville des amoureux !

Vins blancs

RIOJA, GENOLI, VINA IJALBA

🍷🌿 **16,15 $** page 167

Idéal pour une soirée romantique improvisée ou un tête-à-tête sans prétention, ce vin espagnol devrait plaire à tous. Issu de l'appellation d'origine contrôlée Rioja, surtout connue pour ses vins rouges, ce blanc parfumé est fait à base de viura, un cépage peu connu. Plutôt aromatique, ses effluves de melon et de pomme sont complétés par des notes florales. La bouche est ronde, ample et fruitée pour un vin sec. Rien de très complexe au final, simplement un produit bien équilibré. Le Genoli est une belle surprise pour moi et un achat intéressant vu son bas prix et sa grande disponibilité.

BERGERAC SEC, CUVÉE DES CONTI, TOUR DES GENDRES

🍷 **18,75 $** page 167

Ce blanc fait partie de mes classiques depuis plusieurs années. Facile à trouver, il n'est pourtant pas très populaire. Peut-être parce qu'il provient de l'appellation Bergerac, qui se trouve à l'est de Bordeaux et qui est peu connue. Composée de sémillon, de sauvignon et de muscadelle, la Cuvée des Conti offre une qualité équivalente à celle des vins blancs qui proviennent du sud-ouest de la France. Les arômes sont nombreux, mais le citron, l'abricot, l'amande et les épices (cardamome, gingembre) dominent ce nez plutôt charmeur. La bouche est plus ample que celle de la majorité des vins blancs, il a donc plus de corps et est assez rond. Pour moi, c'est le vin d'apéro tout désigné pour accompagner des bouchées de poisson fumé ou des fruits de mer.

GAILLAC, LES GREILLES, CAUSSE MARINES

 22,40 $ page 167

Le domaine Causse Marines est un peu hors norme. Les vignerons y repensent les méthodes habituellement utilisées en viticulture, produisent des vins biologiques et valorisent les vieux cépages typiques du terroir du sud-ouest de la France. Pour toutes ces raisons, j'aime beaucoup leurs produits et je m'en fais des réserves lorsqu'ils arrivent à la SAQ, quelques fois par année. Je les aime tellement que Les Greilles est le vin blanc que j'ai servi à mon mariage ! Il possède un nez complexe qui révèle des notes de poire, d'amande et d'abricot, bien que le vin soit sec. Sa fraîcheur est très agréable et il offre une belle amplitude avec la poire et les notes de noix qui reviennent en bouche. La minéralité est présente à chaque gorgée. Assurément un vin de choix et un domaine à découvrir !

COLLIOURE, ARGILE, DOMAINE DE LA RECTORIE

 36,00 $ page 167

Pour moi, ce vin blanc est synonyme de romantisme parce qu'il provient d'un domaine qui fait rêver. J'ai d'excellents souvenirs de chaque occasion où j'ai eu la chance de le déguster. Fait à base de grenache gris, il possède une surprenante teinte dorée, presque cuivrée, assez inhabituelle pour un vin blanc. Le nez innove avec des notes de noix et de pain grillé, doublées d'un côté floral. La complexité se retrouve également au goût, avec ce charmant mélange de pomme cuite et d'amande. Son corps est ample et gras. Sa minéralité étonne et sa longueur étire le plaisir durant plusieurs secondes... Un vin génial pour prendre son temps et tendre une oreille attentive à l'autre.

Vins rouges

YECLA, HÉCULA MONASTRELL, BODEGAS CASTANO

 **13,95 $** page 174

Une maison espagnole qui fait des vins très abordables et de bonne qualité ? On adopte ! Ce rouge fait à base de monastrell est ultra fruité et me semble être le candidat idéal pour un apéro enveloppant lors d'une froide journée d'hiver. Les arômes de fruits noirs assez mûrs, de vanille et de réglisse donnent un profil plutôt charnu au vin. La bouche est ample et peu tannique. La souplesse en bouche est très agréable, et un goût d'épices vient compléter ce rouge généreux. Une trouvaille qui, selon moi, peut facilement remplacer les merlots génériques, très populaires.

BIERZO, PÉTALOS, DESCENDIENTES DE J. PALACIOS

🍷 **26,20 $** page 174

Je sais, je sais, plusieurs vins de ce producteur se trouvent dans mes suggestions. La raison : c'est un de mes vignerons favoris et nous avons la chance d'avoir accès à plusieurs de ses produits sur nos tablettes. Pourquoi se priver ? Je craque donc pour ce rouge qui provient du nord-ouest espagnol, de l'appellation Bierzo dont on entendait peu parler il y a quelques années ; sa popularité grandissante est en bonne partie attribuable à de jeunes producteurs. Les vins rouges de Bierzo sont principalement faits à base de mencia, un cépage que l'on trouve uniquement dans cette région de l'Espagne. Sa couleur très foncée et opaque vous intriguera sans doute, et vous remarquerez le fort contraste entre celle-ci et le nez, délicat avec ses arômes de rose, de cassis et ses subtiles notes d'estragon. En bouche, vous découvrirez un rouge très souple, assez rond et presque sucré, avec des notes fruitées bien présentes, qui se termine sur des tannins légers. Un produit à essayer pour les amateurs de vins aux arômes de fruits mûrs et peu tanniques, comme les shiraz australiens.

DOLCETTO D'ALBA, PRIAVINO, ROBERTO VOERZIO

🍷 **24,80 $** page 174

Roberto Voerzio est l'un des grands vignerons produisant les vins de la prestigieuse appellation Barolo, dans le Piémont. Ses cuvées sont habituellement hors de prix, mais certains trésors, comme ce dolcetto, sont plus accessibles à tous. Ce rouge est excellent à siroter (idéalement en bonne compagnie) parce qu'il évoluera au fil de la soirée et que vous pourrez en apprécier toutes les subtilités. Parmi les nombreux arômes qui s'en dégagent, la canneberge, la réglisse et la rose sont prédominantes. Les tannins sont assez marqués et vous déstabiliseront probablement, car le nez annonce quelque chose de plus délicat. Une bouteille contenant un beau mélange de souplesse et de caractère. Prenez le temps de carafer ce vin pour assouplir ses tannins, et appréciez-le lentement, accompagné, par exemple, d'un sandwich aux champignons grillés (recette page 84).

Mousseux

Champagne

CRÉMANT D'ALSACE BRUT ZÉRO DOSAGE, BARMÈS-BUECHER

 23,70 $ page 178

Ce mousseux nous vient d'un domaine familial de l'Alsace qui met en pratique les règles de la biodynamie et produit des vins d'une grande complexité. Conçu à base d'un assemblage de pinot gris, d'auxerrois, de chardonnay et de pinot noir, ce vin reflète bien les saveurs typiques du terroir alsacien. Fruité, avec des notes de pêche et d'autres fruits à noyau, il présente une abondance de bulles lorsqu'on le sert. Bien que le nez soit gourmand, la bouche offre un équilibre de fraîcheur accompagné par de fines bulles, tout en légèreté. Ce crémant n'est pas dosé, ce qui signifie qu'aucune liqueur sucrée n'est ajoutée lors de sa mise en bouteille, donnant ainsi un mousseux fruité, mais complètement sec. Et comme les vins bios ont la cote, vous encouragerez cette tendance, favorable pour les vignerons comme pour nous.

CHAMPAGNE BLANC DE BLANCS, LES VIGNES DE MONTGUEUX, JACQUES LASSAIGNE

 56,00 $ page 181

Ce champagne est vraiment un produit d'exception ! Il provient de l'un des meilleurs terroirs de la région et est vinifié par un excellent vigneron. Malheureusement, il ne se retrouve chez nous que quelques fois par année et en petite quantité, mais je m'en serais voulu de ne pas partager ce coup de cœur avec vous. Si vous avez la chance de mettre la main sur l'une de ces bouteilles, vous dégusterez un champagne des plus élégants : les fruits blancs et les fleurs accompagnent les notes minérales qui parfument assez subtilement le nez. Vous retrouverez ce même délicieux mélange en bouche, agrémenté d'une note d'amande et d'une texture ample. Les huîtres se marieront parfaitement avec cette cuvée raffinée, tout comme la recette de pétoncles tièdes au citron et au fenouil de Stelio Perombelon (recettes page 86).

Bière

BLANCHE, DOMINUS VOBISCUM, MICROBRASSERIE CHARLEVOIX

🍺 **4,19 $ / 500 ml** page 183

J'ai vraiment été séduite par cette bière de type belge très rafraîchissante, qui devrait plaire tant aux femmes qu'aux hommes. La mie de pain, le poivre, le gingembre et les écorces d'orange composent le parfum très expressif et extrêmement charmeur de cette bière de Charlevoix. Son taux d'alcool raisonnable (5 %) en fait une bière facile à boire. L'équilibre en bouche est aussi très agréable : peu amère, elle possède une acidité bien équilibrée avec de délicates notes d'agrumes. Son format de 500 ml, plus généreux que celui des bouteilles régulières, est parfait pour le partage.

Apéro sans alcool

THÉ BLANC À LA PÊCHE

Léger, délicat et peu sucré, ce cocktail peut se déguster en bonne compagnie !

POUR 1 PERSONNE
8 oz (240 ml) de thé blanc infusé et refroidi
1 c. à café de jus de citron
2 c. à café de nectar (ou purée) de pêches
Quelques demi-tranches de pêche ou de citron (décoration)
Glace

Dans un verre contenant des glaçons, verser le thé blanc. Ajouter le jus de citron et le nectar (ou la purée) de pêches. Pour décorer, ajouter quelques demi-tranches de pêche ou de citron.

Du thé de qualité

Pour du thé de qualité, je suis une inconditionnelle de la Maison Camellia Sinensis, qui achète et importe elle-même le thé directement des producteurs. Vous y trouverez un excellent thé blanc (ou tout autre thé) à l'une de leurs boutiques de Montréal ou de Québec, ou encore en ligne sur le site Internet de la maison. Pour quelques sous de plus la portion, vous obtiendrez une boisson d'une qualité largement supérieure à ce qui est vendu en épicerie !

Pour manger en buvant

Recettes de Stelio Perombelon,
CHEF DU RESTAURANT M. MME

Sandwich aux champignons grillés

POUR 2 PERSONNES

2 ½ c. à soupe de beurre non salé (environ)
+ 2 c. à café
50 g (2 tasses) de portobellos nettoyés et coupés
en dés de 1 cm (½ po)
20 g (1 tasse) de shiitakes nettoyés et coupés en
dés de 1 cm (½ po)
2 c. à café de mayonnaise
20 g (¼ tasse) de parmesan râpé
4 tranches de pain brioché (ex. : carré au lait)
Sel et poivre

1. Chauffer un poêlon antiadhésif à feu moyennement élevé pendant
2 minutes. Ajouter 2 ½ c. à soupe de beurre et laisser fondre jusqu'à ce
qu'il soit mousseux. Ajouter les champignons en une seule couche.
Laisser rissoler 2 minutes avant de remuer (si le beurre est totalement
absorbé, ajouter encore 1 c. à café de beurre dans le poêlon). Cuire en
remuant de temps à autre environ 5 minutes, ou jusqu'à ce que les
champignons aient réduit de taille et aient ramolli. Mettre dans un bol et
laisser refroidir.
2. Sur une planche à découper, hacher les champignons finement. Les
remettre dans le bol, ajouter la mayonnaise et le parmesan. Assaisonner
de sel et de poivre. Bien mélanger.
3. Beurrer un côté des tranches de pain. Étendre 2 tranches côte à côte,
le côté beurré en dessous, et les garnir abondamment de la préparation
aux champignons. Couvrir des 2 autres tranches de pain, le côté beurré
dessus, pour compléter le sandwich.
4. Chauffer un poêlon antiadhésif à feu moyen et y déposer les
sandwichs. Cuire jusqu'à ce que la première face soit dorée, puis
retourner pour répéter l'opération. À l'aide d'une spatule, appuyer sur
chaque sandwich pour l'écraser un peu. Éponger les sandwichs sur un
papier absorbant et retirer les croûtes. Couper chaque sandwich en
4 triangles et répartir sur une assiette. Servir immédiatement.

**Pour moi,
l'apéro…**
c'est un moment particulier
où l'on s'arrête pour se retrouver.
Chez nous, l'apéro en amoureux est
un moment résolument égoïste.
Le rythme est considérablement
ralenti et la course entre le travail,
le transport et les enfants
est arrêtée.

Huîtres au saumon fumé et au jus de cornichons

POUR 2 PERSONNES
- 250 ml (1 tasse) de jus de cornichons à l'aneth
- ¾ c. à café de lécithine de soya (voir conseil)
- 12 huîtres charnues et iodées
- 2 tranches de saumon fumé coupées en lanières de 1 cm (½ po) de largeur
- 1 concombre libanais coupé en petits dés
- Glace concassée ou gros sel (pour le service)

1. Dans un contenant haut et étroit, verser le jus de cornichons et la lécithine de soya. Mélanger 30 secondes à l'aide d'un mélangeur à main. Laisser reposer 20 minutes au réfrigérateur.

2. Au moment de servir, ouvrir les huîtres et décoller les muscles de la coquille. Déposer sur une assiette remplie de glace concassée ou de gros sel. Couvrir chaque huître d'une lanière de saumon et déposer quelques cubes de concombre.

3. À l'aide du mélangeur à main, mousser le jus de cornichons en remontant très lentement le pied du mélangeur dans le contenant. Recueillir la mousse et garnir chaque coquille.

Pétoncles tièdes au citron et au fenouil

POUR 2 PERSONNES
- 1 pamplemousse
- ¼ c. à café de miel
- 1 c. à soupe d'huile d'olive
- ¼ de bulbe de fenouil tranché finement
- 1 c. à soupe d'huile de canola
- 5 gros pétoncles (taille U-12, si possible)
- Fleur de sel
- Poivre du moulin

1. Peler le pamplemousse à vif, prélever les suprêmes et les couper en petites pointes. Déposer dans un bol moyen. Ajouter le miel et l'huile d'olive, et mélanger délicatement. Ajouter le fenouil, mélanger et réserver à la température ambiante.

2. Chauffer un poêlon antiadhésif à feu vif. Ajouter l'huile de canola et déposer les pétoncles à plat. Saisir 3 minutes, puis retourner et saisir 30 secondes de l'autre côté. Déposer immédiatement sur un papier absorbant. Laisser tiédir 3 minutes. Couper chaque pétoncle en 4 et ajouter au mélange de pamplemousse et de fenouil. Mélanger et assaisonner de fleur de sel et de poivre. Servir immédiatement.

CONSEIL DE STELIO

Vous trouverez la lécithine de soya dans le réfrigérateur des magasins d'aliments naturels. Au besoin, le jus de cornichons à l'aneth seul fera un bon effet gustatif.

Pour recevoir toute la famille

Lorsque vous recevez toute la famille pour l'apéro, l'alcool offert doit rallier la majorité : vous voulez que grand-maman savoure son verre de vin et que le beau-frère ne soit pas trop dépaysé à sa première gorgée de bière ! Pour que tout le monde y trouve son compte, vous pouvez opter pour des classiques et des valeurs sûres qui conviendront à toutes les générations, et ce, à prix abordable. Comme l'objectif est de partager du temps avec vos proches, j'ai sélectionné pour vous des produits faciles à trouver et des recettes simples à préparer.

Cocktail

Punch

PORTO TONIC

Si vous avez déjà visité le Portugal en plein été, vous avez sans doute siroté ce classique qui met le porto blanc à l'honneur. Économique, rafraîchissant et pas trop sucré, contrairement à ce que l'on pourrait penser, ce cocktail plaît généralement à tous et mérite d'être mieux connu ici.

POUR 1 PERSONNE

2 oz (60 ml) de porto blanc
3 oz (90 ml) de tonique
2 tranches de citron ou de lime
Glace

Dans un haut verre à cocktail, mettre tous les ingrédients et bien mélanger.

VODKA PAMPLEMOUSSE

Pour plaire au plus grand nombre d'invités possible, du néophyte au fin connaisseur, il faut être plutôt conservateur. Vous pouvez donc, sans paraître simpliste, opter pour une petite variation du traditionnel punch de grand-maman : utilisez une base de vodka et ajoutez du Campari ainsi que du jus de pamplemousse pour moderniser le tout. Assurez-vous que le résultat n'est pas trop sucré !

POUR 8 PERSONNES

8 oz (240 ml) de vodka
16 oz (480 ml) de jus de
       pamplemousse
5 oz (150 ml) de Campari
1 pamplemousse ou 1 orange,
       en demi-tranches
12 oz (360 ml) d'eau pétillante
1 litre (4 tasses) environ de glace

Dans un contenant à punch, mélanger la vodka, le jus de pamplemousse, le Campari et les demi-tranches d'agrume. Juste avant de servir, ajouter l'eau pétillante et la glace.

CONSEIL DE MARIE

Il est important de goûter et d'ajuster les quantités selon ses préférences : on ajoute du jus de pamplemousse pour apporter une touche plus sucrée ou du Campari pour amplifier l'amertume.

Vins blancs

VINHO REGIONAL PENINSULA DE SETUBAL, ALBIS, J.M. FONSECA

 13,00 $ page 168

Facilement reconnaissable par son bouchon vert, l'Albis est un vin aromatique provenant du sud du Portugal, parfait pour l'apéro. Il est très parfumé, et vous remarquerez tout de suite ses effluves de litchi, de fleurs et de fruits exotiques. En bouche, ce blanc est sec, sans aucune pointe de sucre. Cet équilibre est attribuable à son assemblage de muscat, responsable du nez fruité et parfumé, et d'arinto, un cépage blanc typiquement portugais qui produit un vin sec et subtil. Très léger, tout en simplicité, l'Albis pourra être servi aux invités qui arrivent avant que les hors-d'œuvre soient déposés sur la table !

IGT VENETO, CHARDONNAY, G. CAMPAGNOLA

14,30 $ page 168

Bonne nouvelle pour ceux qui traquent les aubaines : ce blanc, qui était uniquement accessible en importation privée, a désormais sa place sur les tablettes de la SAQ. Il provient de la Vénétie, une région du nord de l'Italie connue pour la vivacité et la fraîcheur de ses vins. Avec ses notes de pomme et de fleurs, ce produit met de l'avant l'aspect fruité du chardonnay, ce qui en fait un vin facile à boire (les notes boisées d'autres chardonnays pourraient déplaire à certains). En bouche, l'acidité est surprenante, le vin est sec et rafraîchissant. Pour moi, ce blanc est la preuve qu'un producteur talentueux comme M. Campagnola, qui produit habituellement des cuvées beaucoup plus coûteuses, peut aussi offrir un vin de qualité à petit prix. Une combinaison qui correspond parfaitement aux grands rassemblements familiaux où l'on doit plaire à des palais très divers. Gageons qu'il pourra se tailler une place parmi vos grands favoris !

VIDAL, DOMAINE LES BROME

18,40 $ page 168

Si vous avez déjà fait une tournée des vignobles québécois, vous savez que le vidal est un cépage particulièrement bien adapté à notre climat nordique. Le produit qu'en tire le Domaine Les Brome, au Lac-Brome, me plaît particulièrement, comme tous les vins blancs de ce vignoble, d'ailleurs ! Les arômes fruités de ce cépage hybride (un cépage européen qui a été croisé avec un cépage américain pour améliorer sa résistance au froid) sont présents au nez : vous reconnaîtrez facilement les notes de jus de pomme, de poire et d'agrumes. Rond, assez ample et pas trop sucré (à ma grande surprise !), il possède une belle pointe d'acidité présente en fin de bouche. Ce vin blanc fruité et assez aromatique devrait plaire aux amateurs de vins de la Loire et d'Alsace, et en surprendre plus d'un avec son origine québécoise. En le servant à des invités aux goûts plutôt classiques, vous ne ferez pas fausse route et vous encouragerez un producteur de chez nous !

Vins rouges

VINHO REGIONAL ALENTEJANO, HERDADE DAS ALBERNOAS, ENCOSTA DO GUADIANA

11,10 $ page 175

Parce qu'on ne sait pas toujours combien de bouteilles on devra servir durant l'apéro et parce que certains convives aiment boire plus d'un verre, je vous conseille de choisir ce vin du Portugal à petit prix, qui vous permettra de porter un toast avec toute la famille sans vous ruiner ! Les arômes de fruits rouges dominent, car il est composé principalement de tempranillo, le cépage rouge le plus répandu en Espagne. En bouche, son goût de fruits rouges très mûrs, qui rappelle le soleil de sa région d'origine, doublé d'un petit côté épicé, plaira aux amateurs de vins du Nouveau Monde. Le corps étant assez structuré, ce vin est parfait pour les amoureux de rouges corsés, bien que les tannins ne soient pas trop marqués et que le côté fruité apporte un peu de fraîcheur à l'ensemble. Un bon choix qui pourra accompagner des charcuteries, comme les pochettes de salami proposées par Yann Turcotte (recette page 100).

DAO, MEIA ENCOSTA, VINHOS BORGES

 11,95 $ page 175

Vous connaissez probablement déjà ce rouge portugais, mais son excellent rapport qualité-prix mérite une mention. Habituellement, en payant à peine plus de 10 $ pour une bouteille, on ne s'attend pas à un vin complexe. Et c'est là que ça devient intéressant : ce produit du centre du Portugal, fait à base de touriga nacional, déjoue nos préjugés ! La chaleur du Portugal se dégage dès les premiers effluves : la cerise à l'eau de vie, les épices et l'alcool forment un mélange chaleureux. En bouche, des tannins présents, mais souples, plairont aux amateurs de vins plus costauds. Un produit auquel vous ne vous attarderez pas indéfiniment, mais qui est bien équilibré et tout en simplicité. Il pourra vous accompagner de l'apéro au repas. Il fait assurément partie des valeurs sûres lors d'un rassemblement familial.

RIOJA, LA VENDIMIA, ALVARO PALACIOS

 19,10 $ page 175

Ce rouge est un de mes coups de cœur depuis des années. Produit en Espagne par Alvaro Palacios, un producteur reconnu mondialement, ce rioja est sa « petite cuvée » et offre l'un des meilleurs rapports qualité-prix que je connaisse. À base de grenache et de tempranillo, il dégage des arômes de fruits rouges gorgés de soleil. Son corps est bien équilibré sans trop sentir l'alcool, et il est assez rond avec des tannins présents, mais souples. Ce rouge rassembleur plaira aux amateurs de vins fruités et n'est pas trop léger pour ceux qui préfèrent des rouges plus corsés.

CONSEIL DE MARIE

Pssst... Mesdames, allez voir une photo de ce cher Alvaro, vous apprécierez encore plus ses vins !

Mousseux

Champagne

PROSECCO, SANTI NELLO, BOTTER CARLO

 16,90 $ page 178

Durant ma vingtaine, alors que j'étais déjà une *fan* de bulles mais que j'avais un budget plus restreint qu'aujourd'hui, j'ai acheté des dizaines de bouteilles de ce mousseux... Et après toutes ces années, il reste pour moi une excellente option. Vous le trouverez dans toutes les SAQ, et son prix abordable permet de le servir lors de grands rassemblements. Ses arômes assez perceptibles de fleurs et de pêche expriment parfaitement le côté parfumé typique d'un prosecco. Assez rond en bouche, avec des bulles bien présentes, une petite pointe sucrée en finale et une faible acidité, il plaira facilement à tous les palais.

CHAMPAGNE BRUT, BLANC DE BLANCS, PAUL GOERG

 45,75 $ page 181

Oubliez les étiquettes que tout le monde connaît et découvrez ce champagne qui fait partie de mes favoris. Facile à trouver à la SAQ, ce blanc de blancs, c'est-à-dire fait à base de chardonnay uniquement, coûte environ 20 $ de moins que les deux marques les plus populaires. Les arômes de poire, d'amande et de brioche qui émanent de ce nectar devraient charmer vos sens illico. En bouche, vous retrouverez ce goût agréable de fruit et de beurre, complété par une bonne minéralité. La finesse de ses bulles et la persistance de son goût confirmeront que vous avez offert un bon champagne à votre famille (la chanceuse !). Un petit luxe à ajouter à vos classiques.

La différence entre les mousseux et les champagnes

Les mousseux sont un type de vins produits dans plusieurs pays et régions, et ont leurs propres appellations. Par exemple, en Italie, on trouve le prosecco, et en Espagne, le cava. Le champagne, lui, doit être produit dans la région de la Champagne en France selon des règles strictes avec des cépages précis et une façon de faire définie. Un mousseux américain ne devrait donc jamais porter la mention « champagne » !

Bière

Apéro sans alcool

PAÏENNE, BRASSERIE DIEU DU CIEL

🍺 **1,85 $ / 341 ml** page 183

MOÛT DE POMME PÉTILLANT, VISTA BELLA, MICHEL JODOIN

🍺 **3,49 $ / 330 ml** page 184

À première vue, cette bière blonde brassée à Saint-Jérôme ne semble pas se démarquer des autres produits du même type. Et pourtant, elle vous réserve quelques surprises ! Son nez légèrement fruité révèle des arômes typiques de blé et de levure. Cette complexité est le résultat d'un travail fait à petite échelle et de l'utilisation d'ingrédients de grande qualité. En bouche, vous reconnaîtrez la fraîcheur habituelle d'une blonde, mais serez déjoué par son goût plus marqué, accompagné d'une délicate amertume. Possédant davantage de caractère que la plupart des bières commerciales, en raison principalement de sa fermentation à haute température, la Païenne est un excellent choix pour initier la famille aux bières de microbrasseries. Elle devrait satisfaire les amateurs de bières importées et plaire à ceux qui s'intéressent aux produits qui ont de la personnalité.

Un autre délicieux produit québécois à découvrir, qui plaira à ceux qui n'aiment pas le goût de l'alcool ou qui ne peuvent tout simplement pas en boire. Il provient de l'excellente cidrerie de Michel Jodoin, à Rougemont. Son goût n'est pas trop sucré, contrairement à d'autres marques sur le marché, et ses fines bulles lui donnent du raffinement. En le dégustant, vous aurez l'impression de croquer dans une pomme fraîche ! Et le moût contient juste ce qu'il faut d'acidité pour maintenir un équilibre et éviter que le cidre ne vous « tombe sur le cœur ». À servir dans une flûte à champagne pour inclure tout le monde dans la célébration !

CONSEIL DE MARIE

Son format pratique de 330 ml évite le gaspillage si seulement une ou deux personnes choisissent cette option. Toutefois, le format de 750 ml peut convenir, particulièrement si vous avez plusieurs adolescents qui veulent célébrer en toute légalité !

Pour manger en buvant

Recettes de Yann Turcotte,
CHEF DU RESTAURANT CHEZ TOUSIGNANT

Brie au four

POUR 8 PERSONNES

1 meule de brie
80 g (¼ tasse) de confiture de fraises, de figues
   ou d'oignons
Raisins de Corinthe séchés (facultatif)
Mélange de noix (facultatif)

1. Préchauffer le four à 190 °C (375 °F).
2. À l'aide d'un couteau bien affûté, retirer une mince tranche sur le dessus de la meule de brie. Garnir la surface de la meule de la confiture choisie, puis des raisins secs et des noix, si désiré. Déposer la meule garnie dans une assiette allant au four. Enfourner et cuire 10 minutes. Servir avec des croûtons ou des crudités.

Pour moi, l'apéro... c'est prendre du temps pour soi et les autres. Se relaxer.
Tu ne peux pas être stressé quand tu prends l'apéro. C'est un moment hors du quotidien. Ça fait du bien !

Pochettes de salami

24 tranches de salami (on peut choisir un salami doux, piquant ou un mélange des deux)
3 c. à soupe de moutarde de Dijon
24 petits cornichons sucrés
80 g (¼ tasse) de confiture d'oignons
12 petits cubes de fromage bleu (de type Cambozola)

1. Garnir 12 tranches de salami d'une goutte de moutarde de Dijon et de deux petits cornichons. Garnir les 12 autres tranches de 1 c. à café de confiture d'oignons et d'un cube de fromage bleu. Rabattre les côtés des tranches de salami de façon à couvrir la garniture. Fixer à l'aide de cure-dents.

Croûtons de pesto, de tomates séchées et de chèvre

DONNE 24 CROÛTONS
1 baguette de pain
1 bûchette de fromage de chèvre (de type Le Cendrillon)
160 ml (⅔ tasse) de pesto maison (recette ci-dessous) ou du commerce

1. Préchauffer le four à 190 °C (375 °F).
2. Couper 24 tranches de baguette d'environ 1 cm (½ po) d'épaisseur et les mettre sur une plaque à biscuits. Les faire dorer au four 8 minutes. Laisser refroidir.
3. Juste avant de servir, couper le fromage de chèvre en petits morceaux. Étendre environ ½ c. à soupe de pesto sur chaque croûton et garnir de morceaux de fromage. (Faire le montage à la dernière minute, sinon les croûtons auront ramolli et il sera presque impossible de les prendre avec les doigts.)

Pesto maison

3 gousses d'ail
3 c. à soupe d'huile d'olive
55 g (1 tasse) de tomates séchées
20 g (⅓ tasse) de persil italien
2 c. à soupe de ciboulette
2 c. à soupe de pignons de pin rôtis
2 c. à soupe de parmesan râpé

1. Mettre tous les ingrédients dans le contenant du robot culinaire et mélanger jusqu'à l'obtention d'une consistance homogène.

Le brunch

Ce repas, qui englobe à la fois le déjeuner et le dîner, est une tendance qui nous vient de nos voisins du Sud et qui est extrêmement populaire dans les restaurants. On profite de nos matins de fin de semaine pour voir les amis proches et la famille autour d'un bon repas, d'un café et... d'un apéro ! Pourquoi ne pas proposer votre version maison du brunch avec des options d'alcools légers et conviviaux qui se prêtent bien au début de la journée ?

Cocktail   Punch

PAMPLEMOUSSE VANILLÉ

Pour plusieurs personnes, les agrumes font partie intégrante du déjeuner. Voici donc un cocktail matinal qui combine la fraîcheur du pamplemousse à la douceur de la vanille.

POUR 1 PERSONNE

1 oz (30 ml) de sirop de canne
½ gousse de vanille fendue et grattée ou ½ c. à café d'essence de vanille
1 oz (30 ml) de vodka
3 oz (90 ml) de jus de pamplemousse rose
1 oz (30 ml) de soda
Glace

Dans un verre à cocktail, mélanger le sirop de canne avec la vanille et ajouter quelques glaçons. Verser la vodka, le jus de pamplemousse et le soda. Parfait avec les huîtres de Marie-Fleur (recette page 114)!

CONSEIL DE MARIE

Ce cocktail sera délicieux même si on omet la vodka. Une bonne option d'apéro sans alcool!

SANGRIA AU MOSCATO

Dans l'esprit d'une sangria blanche, et parce vous préférez probablement un cocktail peu alcoolisé le dimanche matin, voici une version légère et fruitée de ce classique.

POUR 8 PERSONNES

26 oz (750 ml) de moscato d'asti
4 oz (120 ml) de vodka
4 oz (120 ml) de jus de citron
8 oz (240 ml) de jus de canneberge blanche
Quelques tranches de citron
Glace

Dans un grand bol, mélanger les alcools et les jus. Ajouter quelques glaçons et des tranches de citron. C'est prêt!

Vins blancs

PINOT BLANC OKANAGAN VALLEY, FIVE VINEYARDS, MISSION HILL

🍷 **17,95 $** page 168

Il est toujours agréable pour un sommelier de goûter un vin qui faisait partie de ses favoris il y a quelques années et de ne pas être déçu ! On constate, du coup, que certaines maisons gardent de hauts critères de qualité et continuent de produire de bons vins à prix abordable. C'est le cas de ce pinot blanc qui arbore une nouvelle étiquette, mais reste le même : délicieux et rafraîchissant. Assez fruité, avec des notes de pêche et de melon caractéristiques de ce cépage, la bouche possède plus de corps qu'on pourrait l'imaginer. La texture plutôt grasse, les légères notes d'alcool et la finale ronde en font un vin parfait pour accompagner des plats à base d'œufs, comme la pomme de terre farcie à la brandade avec œuf miroir de Marie-Fleur (recette page 112).

THE STUMP JUMP, D'ARENBERG

🍷 **17,60 $** page 168

Ce vin provient d'une maison que j'apprécie depuis plusieurs années et qui continue de faire un produit de qualité. Cette cuvée de vin blanc australien est un assemblage original de riesling, de sauvignon blanc, de marsanne et de roussanne. Le nez est assez délicat, bien qu'il dégage des arômes d'agrumes, de fleurs et de minéralité. La bouche est très rafraîchissante, et vous retrouverez le côté citronné en plus d'une pointe d'acidité et une finale un peu ronde. Un vin blanc à découvrir pour les amateurs de produits aromatiques. Un choix sympathique pour remplacer l'habituel pinot grigio.

ALSACE, TRILOGIE, BARMÈS-BUECHER

🍷😊 **21,55 $** page 168

Parfaite pour commencer une matinée en bonne compagnie, cette nouveauté m'a séduite, d'autant plus que le domaine familial qui la produit met en pratique les principes de la biodynamie. Ici, du pinot blanc et du riesling sont assemblés à un peu de pinot gris, ce qui donne une version plus minérale que sucrée d'un blanc d'Alsace. La minéralité domine tant au nez qu'en bouche avec des notes de citron, de poire et d'autres légèrement herbacées. Bien que ronde, la bouche est rafraîchie par une bonne acidité et se termine par des notes fruitées. Un bel exemple du potentiel alsacien à produire des vins secs et minéraux.

ALTO ADIGE, PINOT BIANCO, ALOIS LAGEDER

🍷😊 **20,00 $** page 169

Je dois avouer que j'ai un faible pour le pinot blanc, et aussi pour ce très talentueux producteur du nord-est de l'Italie. Il allait donc de soi que cette cuvée se retrouve parmi mes choix. De très agreables notes de pêche, de melon et de fleurs se mélangent ici tout en douceur, pour un résultat équilibré et subtil. La bouche est équilibrée avec un goût fruité, mais aussi avec une belle minéralité et une acidité tranchante qui donnent un vin rond et vif. Un très bon blanc à essayer, comme toutes les cuvées de ce producteur qui travaille avec un grand respect de la nature et de son terroir. Ce blanc pourra accompagner une belle assiette de fruits.

Vins rouges

BARBERA D'ASTI, LE ORME, MICHELE CHIARLO

🍷 **16,45 $** page 175

Ce rouge du Piémont, une magnifique région du nord de l'Italie, ne déçoit jamais. Fait à base du cépage barbera, il est reconnu comme étant un vin fruité à boire jeune pour profiter de sa fraîcheur. Ici, le fruit rouge est à l'honneur, et les notes de cerise se mélangent à celles de la vanille de très belle façon. Le corps est léger et subtilement épicé, avec les fruits rouges toujours présents au goût. Ce rouge souple, peu tannique et tout en simplicité est parfait pour les grands rassemblements dominicaux. Il est offert dans toutes les SAQ à un prix très acceptable. Je ne serais pas surprise qu'il devienne un de vos classiques d'apéro !

PINOT NOIR, SÉLECTION LIMITÉE, MONTES

🍷 **16,95 $** page 175

Le pinot noir est un cépage léger bien connu, très approprié pour le brunch. Malheureusement, comme sa culture est très exigeante, vous trouverez rarement des produits à base de ce réputé cépage sous la barre des 20 $. Bonne nouvelle : celui-ci arrive du Chili et son prix me plaît drôlement ! Ses notes végétales et épicées, combinées aux arômes de cerise, annoncent déjà un vin agréable en bouche... Sa texture est souple et il possède peu de tannins. Même si les fruits dominent ce vin, il reste sec en final, contrairement à plusieurs autres pinots noirs du Nouveau Monde qui possèdent souvent une finale trop sucrée. Un bon achat qui reflète bien le potentiel des produits du Chili.

CÔTE DE BROUILLY, LES GRIOTTES, CHÂTEAU THIVIN

23,45 $ page 175

Les vins du Beaujolais sont parfaits pour le brunch : légers, fruités et digestes. Si vous avez l'occasion de mettre la main sur une (ou plusieurs) boutcille de cette cuvée du Château Thivin, je vous prédis une belle découverte. Provenant d'un des crus les plus connus de la région de Beaujolais, ce côte-de-brouilly vous charmera grâce à ses notes de cerise et de framboise, complétées par un soupçon de cannelle, qui en font un vin assez riche. La texture est légère, mais possède un certain corps, juste ce qu'il faut pour obtenir un vin réconfortant. Souple, rassembleur et délicat, c'est le rouge idéal pour accompagner jambon et charcuteries.

Mousseux

Champagne

CIDRE MOUSSEUX ROSÉ, MICHEL JODOIN

🍸 🍁 **20,00 $** page 179

Ce cidre est parfait pour le brunch, entre autres parce qu'il possède seulement 7 % d'alcool. Un produit doux et festif (ah, les bulles !), génial pour délier les langues un dimanche matin ! La teinte rosée de ce cidre mousseux provient de la pomme Geneva, un fruit à chair rouge qui transmet sa couleur lors de la fermentation. Le nez est tout aussi charmant avec des notes de pomme, bien évidemment, mais aussi de fleurs et de fraise. Ses bulles fines et persistantes confirment que vous avez affaire à un mousseux de qualité. L'acidité vive des pommes est équilibrée en bouche avec de très légères notes sucrées, vraiment plus subtiles que celles de la plupart des cidres. Fruité et délicat, ce mousseux fait partie de mes classiques lors des brunchs en famille depuis plusieurs années, et tout le monde en redemande !

CHAMPAGNE BLANC DE BLANCS, HORIZON, PASCAL DOQUET

🍸 ❀ **47,00 $** page 181

Pour entamer la journée, je préfère boire un champagne riche et peu acide plutôt qu'un champagne très vif, qui risque de choquer mes papilles à peine éveillées. Ce produit conçu par un producteur indépendant est à base de chardonnay uniquement, et offre une richesse et une complexité qui me plaisent beaucoup. Les notes de pain grillé, de noix et de pomme mûre dévoilent une partie du terroir de sa région d'origine, ce que j'apprécie d'un champagne de vigneron. La complexité de ce produit se révèle complètement lorsqu'on goûte les saveurs de pomme, d'amande et d'épices qui se complètent avec une belle rondeur en bouche et une faible acidité. Une petite douceur que j'adore m'offrir, car elle est sous la barre des 50 $. Très belle découverte en vue !

Bière

ST-AMBROISE À L'ABRICOT, BRASSERIE MC AUSLAN

🍺 **1,95 $ / 341 ml** page 183

Brassée à Montréal, cette bière de type ale, faite à base de blé et aromatisée à l'abricot, est déjà assez connue et appréciée des amateurs. Avec ses 5 % d'alcool, je la trouve toute désignée pour un apéro matinal frais et léger. Les arômes d'abricot sont bien présents dès qu'on décapsule la bouteille, et on dénote un petit côté sucré rappelant la cassonade, en plus des traditionnels arômes de céréales. En bouche, n'ayez crainte : le houblon domine et l'aspect fruité vient simplement arrondir le tout. Cette bière possède très peu d'amertume. Ce produit est moins sucré qu'on pourrait se l'imaginer, mais simplement bien équilibré et désaltérant.

Apéro sans alcool

KIR MOUSSEUX SANS ALCOOL

Fruité, pétillant et pas trop sucré, ce cocktail facile à faire met en valeur un excellent produit québécois !

5 oz (150 ml) d'eau pétillante
1 c. à soupe de sirop de cassis
   Monna et Filles

Dans un verre à champagne, mettre l'eau pétillante et ajouter le sirop de cassis. Mélanger délicatement avec une cuillère.

CONSEIL DE MARIE

Essayez ce même sirop sur de la crème glacée à la vanille, un vrai délice !
(Sirop de cassis Monna et Filles 13,00 $/ 250 ml)

La classification des bières

Au Québec, nous avons l'habitude de différencier les bières en fonction de leur couleur, par exemple les blondes vis-à-vis des rousses, mais nous devrions plutôt les classer par rapport à leur style, soit les ales et les lagers. Les principales différences entre les deux sont la température et la durée de fermentation. La plupart des lagers sont des blondes, alors que les ales, qui ont plus de caractère que les lagers, peuvent être blondes, ambrées ou rousses.

Pour manger en buvant

Recettes de Marie-Fleur St-Pierre,
CHEF DES RESTAURANTS TAPÉO ET MESÓN

Pomme de terre farcie à la brandade avec œuf miroir

POUR 4 PERSONNES

4 pommes de terre russet brossées et cuites au four avec la pelure

340 g (1 ½ tasse) de morue dessalée cuite et défaite en morceaux

60 ml (¼ tasse) de crème 35 %

2 c. à soupe de persil haché

Sauce piri-piri, au goût

125 ml (½ tasse) d'huile d'olive

6 gousses d'ail entières

1 c. à soupe de thym haché

2 c. à soupe d'huile végétale

4 œufs

Sel et poivre

1. Couper une tranche sur le dessus des pommes de terre cuites. À l'aide d'une cuillère, retirer délicatement la chair à l'intérieur en faisant bien attention de ne pas déchirer la pelure. Réserver les pommes de terre évidées dans un plat allant au four. Mettre la chair de pomme de terre dans un grand bol. Ajouter la morue, la crème, le persil et la sauce piri-piri. Réserver.

2. Préchauffer le four à 180 °C (350 °F).

3. Dans une petite casserole, chauffer l'huile d'olive à feu doux. Ajouter l'ail et le thym et laisser infuser jusqu'à ce que l'ail ait suffisamment ramolli pour être écrasé à la fourchette. Verser l'huile dans le mélange de poisson et mélanger délicatement avec une cuillère en bois. Poivrer. Répartir le mélange dans les pommes de terre évidées. Arroser d'un filet d'huile d'olive et cuire au four 15 minutes.

4. Dans une poêle antiadhésive, faire chauffer l'huile végétale à feu moyen et cuire les 4 œufs façon miroir. Saler et poivrer. Coiffer chaque pomme de terre d'un œuf miroir et servir aussitôt.

Pour moi, l'apéro… ça remplace les sorties dans les bars et ça s'insère mieux dans ma routine actuelle. C'est un moment qui évoque les vacances, dans un chalet, quand le soleil se couche… Et l'apéro lors du brunch, c'est remettre ce moment festif au réveil, dans la belle lumière matinale !

Tartine de jambon haché, mayonnaise mousseline au café

POUR 8 PERSONNES

450 g (1 lb) de jambon cuit à l'os
haché en petits morceaux
1 échalote hachée
60 ml (¼ tasse) de mayonnaise
4 tranches de pain brioché
3 c. à soupe de crème fouettée

2 c. à soupe d'espresso refroidi
1 c. à soupe de vinaigre de xérès
1 c. à soupe de cerfeuil haché
Vrilles de pois (facultatif)
Sel et poivre du moulin

1. Mettre le jambon dans un bol. Ajouter l'échalote et la mayonnaise. Saler et poivrer. Bien mélanger et réserver au réfrigérateur.
2. Dans un bol, mettre la crème fouettée. À l'aide d'une spatule, incorporer délicatement l'espresso, le vinaigre et le cerfeuil en pliant la crème. Réserver.
3. Griller les tranches de pain et les déposer sur une planche à découper. Tartiner chacune de 1 c. à soupe de la mousse au café. Garnir généreusement de la préparation au jambon. Couper chaque tartine en pointes avant de servir et décorer de vrilles de pois, si désiré.

Huîtres, compote de pommes à la vanille et au vinaigre de coco

POUR 8 PERSONNES

4 pommes cortland non pelées,
coupées en cubes
Le jus de 1 citron
2 gousses de vanille fendues
et grattées
100 g (½ tasse) de sucre

2 à 3 c. à soupe de vinaigre à la noix
de coco
16 huîtres charnues
Huile d'olive
Glace concassée ou gros sel
(pour le service)

1. Dans une petite casserole, mettre les pommes, le jus du citron, les gousses et les grains de vanille, et le sucre. Cuire à feu moyen-doux environ 20 minutes. Laisser refroidir. Retirer les gousses de vanille et passer la préparation de pommes au mélangeur de manière à obtenir une texture très lisse. Incorporer le vinaigre à la noix de coco.
2. Au moment de servir, ouvrir les huîtres et décoller les muscles de la coquille. Déposer sur une assiette remplie de glace concassée ou de gros sel. Mettre 1 c. à soupe de compote de pommes sur chaque huître et finir avec un filet d'huile d'olive.

Les pique-niques et les après-midi d'été

Pour profiter des belles journées d'été, le pique-nique est toujours une option gagnante. Au bord de l'eau, dans un parc ou en camping, on mise sur la simplicité. Je vous propose des idées faciles, pratiques, qui ne nécessitent pas beaucoup de préparation et qui seront rafraîchissantes pour les journées chaudes.

Cocktail

Punch

MOJITO REVISITÉ EN POT MASON

Un cocktail qu'on a beaucoup vu et beaucoup bu (!) depuis 2005, et qui mérite sa place ici, surtout pour sa fraîcheur plus que bienvenue par une chaude journée d'été. Voici ma version de ce cocktail, à préparer à la maison avant de partir, et qui se transporte facilement dans un pot Mason ou une bouteille de plastique.

POUR 1 PERSONNE

1 oz (30 ml) de jus de lime fraîchement pressé
1 oz (30 ml) de sirop de canne
8 feuilles de mélisse (ou de menthe ou de basilic)
1 ½ oz (45 ml) de rhum brun
4 branches de thym
1 quartier de lime
4 oz (120 ml) de soda
Quelques tranches de citron (décoration)
Glace

Dans un pot Mason, verser le jus de lime, le sirop de canne et les feuilles de mélisse (ou de menthe ou de basilic), et écraser à l'aide d'un pilon ou d'une cuillère en bois. Ajouter le rhum et le thym, puis (idéalement) faire macérer le tout de 1 à 2 heures pour que le parfum des herbes imprègne l'alcool. Avant de partir, presser le quartier de lime et l'ajouter au mélange. Ajouter le soda, la glace et les tranches de citron. Bien refermer.

THÉ GLACÉ STYLE LONG ISLAND

J'avoue avoir bu plusieurs pichets de Long Island Iced Tea à la fin des années 1990, en compagnie de celles qui sont encore mes meilleures amies aujourd'hui. J'ai réalisé seulement plus tard que la recette ne contenait pas de thé, mais bien du cola. Devenue une grande amatrice de thé depuis ce temps, j'ai pensé faire une version plus rafraîchissante et moins sucrée de ce cocktail en remplaçant la boisson gazeuse par du « vrai » thé.

POUR 8 PERSONNES

3 c. à café (ou 3 sachets) de thé noir en feuilles (non aromatisé)
26 oz (750 ml) d'eau chaude
8 oz (240 ml) de rhum
4 oz (120 ml) de vodka
3 oz (90 ml) de liqueur d'agrumes
6 oz (180 ml) de jus de citron
Glace

Dans une casserole, déposer le thé dans l'eau et laisser infuser 5 minutes. Passer l'infusion au tamis pour retirer les feuilles (ou enlever les sachets) et laisser refroidir. Dans une grande bouteille facilement transportable, mélanger tous les ingrédients et ajouter de la glace. Bien refermer.

Vins blancs

CÔTES DE GASCOGNE, SAUVIGNON, JAJA DE JAU

🍷 **15,00 $** page 169

Lors d'une journée de congé improvisée ou lorsqu'on reçoit une invitation inattendue pour l'apéro et qu'un arrêt rapide à la SAQ s'impose, ce vin blanc peut facilement être repéré sur les tablettes. Abordable et muni d'un bouchon dévissable (intéressant pour les pique-niques en plein air...), ce sauvignon blanc est un choix pratique. Le côté végétal du cépage est assez marqué avec les notes de verdure et de cèdre. Au goût s'ajoutent des notes d'agrumes, de pomme verte et de l'acidité. Un vin assez simple, mais sans défaut, qui peut devenir votre chouchou lors d'achats de dernière minute.

BASA, RUEDA, TELMO RODRIGUEZ

🍷 **18,45 $** page 169

À mon grand bonheur, ce vin blanc espagnol nous arrive habituellement en bonne quantité à chaque début d'été. Le talentueux vigneron Telmo Rodriguez élabore différents vins dans de nombreuses régions d'Espagne, dont celui-ci qui provient de la région de Castilla y Leon, au nord-ouest du pays. Les arômes dominants d'agrumes et de fleurs sont complétés par des notes végétales délicates. Le même bouquet aromatique est présent en bouche avec une belle fraîcheur et une texture soyeuse. Composé principalement de verdejo, cépage délicat et vif, les amateurs de chenin blanc devraient s'y intéresser. J'adore quand de grands producteurs vinicoles ne se consacrent pas seulement aux vins luxueux, mais continuent de produire des vins de qualité à prix abordable. Le Basa Rueda en est un excellent exemple. Il sera très agréable avec la tartinade de hareng fumé que vous propose Ségué Lepage (recette page 126).

Vin rosé

RIESLING, MOSEL-SAAR-RUWER, SELBACH
🍷 **17,75 $** page 169

Il est parfois difficile pour une sommelière de trouver un vin demi-sec qui soit équilibré malgré une bonne dose de sucre résiduel. Les rieslings allemands sont les meilleurs candidats pour réussir ce tour de force, car l'acidité abondante de ce cépage est parfaite pour contrecarrer le côté sucré présent dans le vin. Typiques du riesling, les notes minérales de pétrole sont présentes au nez, mais pas désagréables, et on peut déjà remarquer les notes sucrées. La bouche est bien ronde avec un côté sucré présent, mais pas bonbon, puisqu'il est équilibré par un bon niveau d'acidité qui passe presque inaperçu pour les néophytes. La finale est sucrée et rappelle le citron confit. Assurément un blanc demi-sec qui a trouvé son équilibre. À essayer pour les amateurs de pinot grigio et de muscat un peu sucré.

COSTIÈRES DE NÎMES, BUTI NAGES, MICHEL GASSIER
🍷✹ **16,00 $** page 171

Les rosés sont de plus en plus populaires au Québec pendant la saison estivale, mais je dois avouer que plusieurs de ceux qui arrivent sur nos tablettes sont trop sucrés à mon goût. Ce vin m'a semblé posséder l'équilibre parfait, avec une finale fruitée, mais un côté acidulé comme on voit chez les rosés de Provence. La fraise et les fleurs embaumeront votre verre, et vous serez agréablement surpris par une belle acidité lorsque vous y goûterez. Rond en bouche, mais pas sucré, il peut facilement devenir un classique. Un rosé sans prétention pour savourer la belle saison et l'étirer le plus possible. Le gage d'un après-midi de plaisir !

Vins rouges

VIN DE PAYS D'OC, GRANDE CUVÉE, MAS DES TOURELLES
 10,25 $ page 176

Probablement le vin le moins cher de ce livre, il me plaît à chaque dégustation pour son rapport qualité-prix ! Cet assemblage de merlot et de syrah, produit dans le sud de la France, a tout pour séduire les amateurs de shiraz. Les arômes de framboise, de mûre, de réglisse et de cassis révèlent la chaleur et le soleil généreux de cette région. Bien que le vin possède une bonne structure, il n'est pas tannique pour autant. La finale est ronde, avec une note de vanille, et vous rappellera peut-être les shiraz australiens. À déguster en toute simplicité, un peu rafraîchi pour ne pas sentir la lourdeur de l'alcool sous le soleil. Essayez aussi la cuvée classique à 14 $.

TERRE SICILIANE, NARI, FIRRIATO
 10,95 $ page 176

Vendu lui aussi à un prix particulièrement bas, ce rouge de la Sicile est la parfaite aubaine pour les apéros impromptus. Bien qu'il présente une belle maturité, son corps est assez souple pour l'apéro. Composé en majorité de nero d'avola, un cépage assez fruité typique de la Sicile, et d'un peu de petit verdot pour lui donner plus de corps, ce rouge est fruité et agréable. En bouche, rien de complexe, mais de la cerise et un peu d'épices, majoritairement. Un bon choix pour accompagner des saucissons avec une moutarde bien relevée (recette page 128).

TOURAINE, GAMAY, DOMAINE DE LA CHARMOISE

 18,70 $ page 176

Le gamay est habituellement planté dans la région du Beaujolais, mais on en trouve aussi dans la Loire, comme celui utilisé ici qui vient de l'appellation Touraine. Ce vin a un peu plus de caractère que les produits du Beaujolais ; on le boit un peu rafraîchi, soit autour de 18 °C (64,5 °F), pour ne pas trop percevoir les notes d'alcool. Le nez dévoile surtout des arômes de cerise bien mûre et quelques notes végétales qui annoncent un vin plus concentré qu'il ne l'est en réalité. C'est plutôt le côté fruité qui domine en bouche. En plus des petits fruits rouges, on perçoit un côté poivré discret et des tannins légers révélés en fin de bouche. Le vin idéal pour accompagner des charcuteries.

Rafraîchir son vin rouge
N'hésitez pas à garder votre vin rouge dans un sceau à glace avec de l'eau froide et quelques glaçons seulement, si vous êtes à l'extérieur par une belle journée chaude ! Un vin trop chaud vous paraîtra très lourd, et l'alcool qu'il contient dominera les autres arômes.

Mousseux

MYSTIQUE, CIDRERIE DU MINOT
 2,95 $ / 250 ml   page 179

Vous pouvez vous procurer ce délicieux cidre effervescent dans la plupart des épiceries. Facile à transporter, grâce à ses petites bouteilles de 250 ml, il peut remplacer la bière ou le vin blanc pour plusieurs. Assez léger en alcool (4,5 %), il est le mousseux parfait pour un après-midi entre amis. Ses arômes de pomme et de poire sont assez délicats, et ses bulles sont fines. Avec une bonne acidité et juste ce qu'il faut de sucre, il est vraiment rafraîchissant. C'est assurément un produit du Québec à adopter !

BULLE DE NEIGE, LA FACE CACHÉE DE LA POMME
 16,00 $ page 179

Cette cidrerie québécoise, que j'aime beaucoup, combine maintenant le meilleur des deux mondes : un cidre mousseux et du cidre de glace. Ce cidre pétillant est donc sucré avec un peu de cidre de glace, pour donner un mousseux demi-sec à seulement 7,5 % d'alcool. Évidemment, les arômes de pomme sont très présents, mais vous découvrirez aussi des notes de poire et d'épices. Bien rond, la fraîcheur de la pomme domine en bouche et vous remarquerez à peine le côté sucré. Facile à ouvrir avec sa capsule métallique, il est très agréable pour entamer l'apéro en après-midi. Attention : la bouteille risque de se vider assez rapidement !

Achat local

Les bières et les cidres québécois sont bien connus et appréciés. Pour les producteurs québécois, chaque occasion d'achat peut faire une différence. Alors, n'hésitez pas à encourager les entreprises d'ici !

Bière

Apéro sans alcool

GOLDING, PALE ALE BRITANNIQUE, SIMPLE MALT

🍁 **2,49 $ / 341 ml** page 183

Cette brasserie de Saint-Eustache produit des bières très intéressantes qui méritent d'être découvertes, si vous ne les connaissez pas déjà. La belle teinte brune de cette ale à 5,2 % d'alcool rappelle la cassonade. Le nez est puissant et assez aromatique avec des notes de fenouil, de pain grillé et de torréfaction. L'attaque en bouche est franche, mais plus subtile, avec une bonne acidité et une légère amertume. Rafraîchissante, avec du caractère, c'est la bière idéale pour un apéro savoureux !

LIMONADE AUX HERBES ET AU MIEL

Une recette que j'aime beaucoup et que je tenais à partager avec vous. Elle a été créée par mon collègue (et mari !), Patrice Demers.

POUR 4 PERSONNES

500 ml (2 tasses) d'eau bouillante
125 ml (½ tasse) d'herbes fraîches (menthe, basilic, mélisse et/ou verveine)
500 ml (2 tasses) de glace concassée
Le jus de 5 limes
125 ml (½ tasse) de miel

Dans un contenant qui résiste à la chaleur, verser l'eau bouillante sur les herbes et laisser infuser 5 minutes. Dans un pichet, un contenant en plastique ou en verre, mettre la glace et le jus des limes. Placer un tamis sur ce contenant et y verser l'infusion pour en retirer les herbes. Ajouter le miel et bien mélanger. Si désiré, rajouter quelques glaçons au moment de servir.

Pour manger en buvant

Recettes de Ségué Lepage,

CHEF DES RESTAURANTS LE COMPTOIR CHARCUTERIES
ET VINS ET LA RÉSERVE DU COMPTOIR

Tartinade de hareng fumé

DONNE 500 ML
(2 TASSES)
DE TARTINADE

175 g (¾ tasse) de fromage de chèvre à température
   ambiante
170 g (¾ tasse) de crème sure (à 40 %)
85 g (⅓ tasse) de hareng fumé coupé en petits dés
2 c. à soupe d'huile de hareng
50 g (⅓ tasse + 1 c. à soupe) d'échalotes marinées,
   hachées (recette ci-dessous)
20 g (⅓ tasse) de ciboulette
2 c. à soupe d'huile d'olive
Le zeste de 1 citron (prélevé à la microrâpe)
Sel et poivre

1. Dans un bol, mélanger tous les ingrédients.
Servir avec des croûtons et des crudités.

Échalotes marinées

DONNE ENVIRON
95 ML (⅓ TASSE +
1 C. À SOUPE)

80 g (½ tasse) d'échalotes coupées en fines
   rondelles
60 ml (⅓ tasse) d'eau
60 ml (⅓ tasse) de vinaigre de xérès
2 c. à soupe de sucre

1. Dans un bol résistant à la chaleur, déposer les
rondelles d'échalotes.
2. Dans une petite casserole, chauffer l'eau, le
vinaigre et le sucre à feu moyen jusqu'à ce que le
sucre soit dissous. Verser sur les rondelles
d'échalotes. Laisser mariner 1 heure. Égoutter et
réserver.

Pour moi, l'apéro... c'est le début de quelque chose. Les meilleurs apéros sont ceux qui ne se terminent pas, qui durent toute la soirée. Dans un parc, on fait semblant de se lancer le frisbee, mais essentiellement, ce qu'on veut, c'est boire et grignoter entre amis. Le mot d'ordre : simplicité.

Moutarde revampée

DONNE 375 ML
(1½ TASSE)
DE MOUTARDE

1 c. à soupe d'huile d'olive
50 g (⅓ tasse) d'échalotes coupées en petits dés
60 g (⅔ tasse) de fenouil coupé en petits dés
Le zeste de ½ orange (prélevé à la microrâpe)
95 ml (⅓ tasse + 1 c. à soupe) de sirop de cassis
   (ex. : celui de l'île d'Orléans)
125 ml (½ tasse) de moutarde de Dijon
60 ml (¼ tasse) de moutarde à l'ancienne
3 c. à soupe de ciboulette hachée
1 c. à soupe d'estragon haché

1. Dans une petite casserole, chauffer l'huile et ajouter les échalotes, le fenouil et le zeste d'orange. Cuire 1 minute à feu moyen. Ajouter le sirop de cassis et faire réduire de moitié. Retirer du feu et laisser refroidir. Ajouter le reste des ingrédients et mélanger. Servir avec des charcuteries.

Salade de topinambours rôtis

POUR 8 PERSONNES

600 g (4 tasses) de topinambours coupés en deux
   sur la longueur
2 c. à soupe environ d'huile végétale
30 g (1 oz) de Coppa (jambon sec) tranché finement
50 g (⅓ tasse) de feta émietté
3 c. à soupe de persil italien
2 c. à café de caramel de vinaigre balsamique
Sel et poivre

1. Préchauffer le four à 190 °C (375 °F).
2. Dans un grand bol, mettre les topinambours avec l'huile végétale, le sel et le poivre et mélanger de manière à bien les enrober. Déposer les topinambours côté coupé dans un poêlon à surface antiadhésive allant au four. Cuire à feu moyen 4 minutes ou jusqu'à ce que la chair commence à colorer.
3. Enfourner et cuire encore 6 minutes ou jusqu'à ce que les topinambours soient bien dorés (au besoin, terminer la cuisson en les retournant).
4. Laisser refroidir. Mettre les topinambours refroidis dans un bol, ajouter les autres ingrédients et bien mélanger.

Pour impressionner

Au quotidien, même si vous connaissez un peu le vin et l'alcool, il est rare que vous puissiez en mettre plein la vue… Mais lorsqu'une telle occasion se présente (vous recevez pour l'apéro votre nouveau patron, vos beaux-parents un peu snobs ou votre beau-frère arrogant, par exemple), allez-y à fond et impressionnez la galerie ! Pour vous aider à surprendre vos invités, j'ai déniché des produits dont ils n'ont probablement jamais entendu parler et qui devraient les séduire. Vous aurez l'air d'un expert après avoir servi ces produits recherchés !

Cocktail

Punch

XÉRÈS À LA POMME

Après des années passées dans l'oubli, le xérès, ou *sherry* comme les Anglais l'appellent, est de nouveau populaire auprès des barmans et des mixologues. Peu coûteux, il permet de donner beaucoup de complexité aux cocktails. À essayer pour surprendre vos invités !

POUR 1 PERSONNE

1 ½ oz (45 ml) de xérès sec
1 ½ oz (45 ml) de cidre de glace
1 oz (30 ml) de jus de pomme brut
½ tranche de pomme arrosée de
    quelques gouttes de citron
    (décoration)
Glace

Dans un shaker, mettre la glace et ajouter le xérès, le cidre et le jus de pomme. Brasser vigoureusement, puis verser dans un beau verre à martini ou un petit verre à cocktail. Garnir d'une demi-tranche de pomme (préalablement citronnée pour éviter qu'elle brunisse).

CONSEIL DE MARIE

L'important est de choisir un xérès avec la mention « Dry » ou « Extra-Dry ». J'aime beaucoup ceux de Lustau et de Tio Pepe.

VODKA PUR AUX AGRUMES

Les ingrédients favoris des chefs ne proviennent plus d'ailleurs, comme dans les années 1980 et 1990. Ils sont locaux. Le même principe s'applique maintenant aux cocktails : certains alcools à la mode sont produits par des talents québécois. C'est le cas de l'excellente vodka Pur, qui a gagné de nombreux prix à l'échelle internationale (une information à transmettre discrètement à vos invités en entamant l'apéro…). On ne doit surtout pas combiner un produit d'une telle qualité à plusieurs ingrédients de peur de perdre sa saveur. Je privilégie donc la subtilité et la fraîcheur pour mettre en valeur la finesse de la vodka.

POUR 8 PERSONNES

16 oz (480 ml) de vodka Pur
2 oz (60 ml) de sirop simple (recette
    page 13)
4 oz (120 ml) de jus de citron
    fraîchement pressé
4 oz (120 ml) de jus de lime
    fraîchement pressé
8 oz (240 ml) de soda
Le zeste de 1 lime
Le zeste de 1 citron
Glace

Dans un contenant à punch, mélanger la vodka, le sirop, les jus de citron et de lime, et le soda. Ajouter des glaçons. Garnir chaque verre de zestes de lime et de citron. Chin !

Vins blancs

IGP ÉPANOMI, DOMAINE GEROVASSILIOU

 20,75 $ page 169

Je suis déjà convaincue de l'énorme potentiel des vins grecs, et ce produit, que j'ai découvert récemment, s'ajoute à ma liste de coups de cœur. Ses effluves évoquent le chablis, avec des notes d'agrumes, minérales, voire iodées, et légèrement florales. Si on ferme les yeux, on sent la brise de la mer et on s'imagine tout de suite sur une plage grecque… En bouche, l'acidité surprenante est complétée par la minéralité et les notes d'agrumes. Ce vin est exactement ce qu'on attend d'un blanc rafraîchissant. Un truc : le présenter comme un chablis nouveau genre pour plaire aux plus conservateurs, et le servir comme un vin provenant d'une des régions chouchous des sommeliers, pour séduire les amis branchés. Sortez les huîtres et amusez-vous !

MUSCAT DE RIVESALTES, DOMAINE CAZES

 15,45 $ page 169

Ce muscat, qui vient de la région du Languedoc, dans le sud de la France, est un vin doux naturel. Assez sucré, c'est un produit à déguster bien froid et en petite quantité. Vous percevrez l'ananas, le raisin, la rose et un petit côté végétal de conifère. La bouche est enveloppante, mais l'alcool équilibre les notes sucrées, qui ne sont pas trop excessives. Le côté fruité est surtout présent au goût, en plus d'une finale florale et sucrée. Ce produit très aromatique plaira sans aucun doute à vos invités. Je suis certaine que certains iront même s'en procurer une bouteille et vous remercieront de leur avoir fait découvrir cet apéro !

GRÜNER VELTLINER KAMPTAL, SCHLOSS GOBELSBURG

🍷 **17,05 $** page 170

Pour épater la galerie, pratiquez d'abord la prononciation de ce cépage autrichien dont tous les sommeliers raffolent, le grüner veltliner (gruc/ner velt/lee/ner). Ce vin peut faire penser au sauvignon blanc avec ses notes végétales et ooo arômes de lime. Il est assez rond avec un côté fruité prononcé, mais possède aussi la minéralité classique des blancs d'Autriche. Très droit, vif et frais, il ouvre l'appétit. Les vins d'Autriche étant disponibles en petite quantité seulement, n'hésitez pas à essayer un grüner d'un autre domaine, comme ceux de Loïmer de Veltlinsky de Felsner ou encore de Bründlmayer. Ils sont tous intéressants à découvrir. En prime, vous aurez l'air raffiné en les servant !

PACHERENC DU VIC BILH, CHÂTEAU MONTUS

🍷 **24,85 $** page 170

Ce vin très complexe du sud-ouest de la France saura impressionner les amateurs de blancs de Bourgogne et de chardonnay californiens. Avec ses effluves de beurre et d'amande, ce produit dégage une certaine richesse dès le départ. Vous pourrez constater l'évolution du nez au fur et à mesure de la dégustation avec des arômes qui deviennent plus complexes. En bouche, vous remarquerez également le côté lacté qui donne beaucoup de texture au vin, et une bouche ample, équilibrée par une légère acidité. Un blanc riche et complexe comme on en voit peu, qui pourrait se vendre bien plus cher, selon moi. Avec la tarte fine aux oignons et aux anchois (recette page 140), vous laisserez tout le monde bouche bée !

Vins rouges

NEBBIOLO, RÉSERVE PRIVÉE L.A. CETTO

 **19,85 $** page 176

Il est très intéressant de trouver un cépage italien cultivé presque uniquement dans le Piémont... au Mexique ! Eh oui ! Vous découvrirez ici un vin rouge très agréable à boire, provenant de la Baja California, une petite région viticole du nord du Mexique. Avec des notes de fruits rouges mûrs, un petit côté de cassis et des notes légèrement florales, le nez est puissant et bien alcoolisé. La bouche, quant à elle, plaira aux amateurs de vins du Nouveau Monde, avec des tannins plutôt présents et une structure assez dense. Vous surprendrez les amateurs de nebbiolo italien avec cette version mexicaine, et les amateurs de rouges plus corsés seront étonnés de ses origines. Parfait pour accompagner un tartare de bœuf (recette page 42).

BURGENLAND, BLAUFRÄNKISCH, HEINRICH

 24,85 $ page 176

L'Autriche est assurément un pays à surveiller pour la qualité de ses vins, qui sont de plus en plus présents ici. Comme en Allemagne, on y produit surtout des vins blancs, mais certains rouges méritent votre attention, comme cette cuvée du domaine Heinrich. Le blaufränkisch est un cépage rouge qui vous fera penser à du pinot noir croisé avec un merlot. Prenez le temps d'apprécier ses sublimes arômes de cerise fraîche, de cassis et de violette. En bouche, ce rouge est fruité, frais, avec juste assez de corps pour accompagner vos bouchées. Malheureusement, la SAQ offre ce rouge en quantité très restreinte, alors n'hésitez pas à essayer un autre blaufränkisch, comme celui du domaine Prieler.

CERASUOLO DI VITTORIA, AZIENDA AGRICOLA COS

 34,75 $ page 176

Ce très beau domaine est nouvellement offert à la SAQ et provient d'une des régions tendance, mais méconnue, du moment : la Sicile ! Composé de nero d'avola et de frappato, deux cépages typiques de ce coin de l'Italie, il surprendra par sa fraîcheur et sa profondeur. Les fruits mûrs, les épices et le cuir composent le nez et témoignent du chaud soleil de la région, sans exagération. En bouche, l'acidité peut être surprenante au départ, mais elle est équilibrée par les tannins présents en finale. Idéal pour intriguer vos invités qui possèdent un cellier : le vin a déjà quelques années de vieillissement lorsqu'il arrive ici !

Pourquoi carafer un vin ?

Le but premier de cette étape est d'aérer le vin, c'est-à-dire de causer une oxygénation du vin, accélérée par le transfert du liquide de la bouteille à un autre récipient. Ce sont surtout les rouges qui bénéficient d'un passage en carafe. Si vous ouvrez une bouteille de rouge et que vous le trouvez trop tannique, trop asséchant ou même peu expressif, versez-le dans une carafe. Vous devriez voir une évolution dans les minutes qui suivent !

Mousseux   Champagne

CUVÉE DE L'ÉCUSSON BRUT, BERNARD-MASSARD

 20,60 $ page 179

Un mousseux du Luxembourg : voilà qui devrait déstabiliser vos convives ! Bien que ce produit soit disponible depuis plusieurs années, il est encore relativement peu connu. Produit à base de cépages populaires, comme le chardonnay et le pinot blanc, ce vin effervescent est assez fruité. Le nez vous fera penser aux crémants français, avec ses arômes d'agrumes et de vanille. La bouche, où la poire et l'amande dominent, est également très délicate avec des bulles fines, pas trop présentes. Un mousseux que vous serez fier de servir, et qui accompagnera à merveille la ricotta fouettée de Patrice (recette page 144).

CHAMPAGNE EXTRA-BRUT 2002, FLEURY

73,75 $ page 181

La qualité et la complexité de ce très grand champagne séduiront vos invités dès la première gorgée. Provenant du sud de la région de Champagne, plus précisément de la vallée de l'Aube, il est produit par une maison qui travaille en agriculture biologique, caractéristique assez rare dans ce coin de pays. Il est composé de pinot noir principalement et d'un peu de chardonnay. Prenez le temps d'admirer sa teinte dorée attribuable au vieillissement de plusieurs années en bouteille. Les notes de pain brioché, de vanille et de pomme composent le nez. La bouche est complexe avec la minéralité, la rondeur, les bulles fines mais délicates, et l'aspect plus vineux qu'effervescent. Un champagne qui vaut beaucoup plus que le prix demandé, à mon avis. Un délice avec les gougères au fromage (recette page 143) !

Bière

Apéro sans alcool

ESTRELLA DAMM INEDIT
🍺 **8,45 $ / 750 ml** page 183

Ferran Adrià, le célèbre chef du restaurant espagnol El Bulli (nommé plusieurs fois Meilleur Restaurant au monde dans les années 2000), a créé une bière avec la brasserie Damm, de Barcelone. Le résultat se rapproche d'une bière blanche et est plutôt réussi. Le nez est assez parfumé, avec des notes de blé, d'écorces d'agrumes, d'épices et de levure. La bouche est rafraîchissante sans présenter une acidité trop marquée. Les fines bulles témoignent de l'attention portée à la conception de cette bière, et charmeront même ceux qui ne sont pas amateurs de houblon habituellement.

COCKTAIL GRENADE ET GINGEMBRE

Prenez le temps de faire un cocktail sans alcool pour vos invités qui n'en consomment pas. Ils seront d'autant plus impressionnés de constater que vous avez pensé à eux !

POUR 1 PERSONNE

2 oz (60 ml) de jus de grenade
⅓ oz (10 ml) de sirop simple (recette page 13)
1 c. à soupe de gingembre haché
Le zeste de ½ orange + pour la décoration
2 oz (60 ml) de soda ou d'eau pétillante
Grains de grenade (décoration)
Glace

Dans un shaker à cocktail, mettre de la glace, puis ajouter le jus de grenade, le sirop simple, le gingembre et le zeste de ½ orange. Mélanger vigoureusement pendant au moins 1 minute. Verser dans un verre contenant quelques glaçons et ajouter le soda (ou l'eau pétillante). Pour décorer, ajouter un peu de zeste d'orange ou quelques grains de grenade (si c'est la saison).

Pour manger en buvant

Recettes de Patrice Demers,
CHEF PROPRIÉTAIRE DE PATRICE PÂTISSIER

Tarte fine aux oignons et aux anchois

POUR 8 PERSONNES

PÂTE BRISÉE MAISON
(ou pâte brisée ou feuilletée du commerce)
500 g (3 ½ tasses) de farine tout usage
2 c. à soupe de sucre
1 c. à café de sel
340 g (1 ½ tasse) de beurre non salé, froid, coupé en cubes
2 œufs
2 c. à soupe de lait

OIGNONS CARAMÉLISÉS
2 c. à soupe de beurre
1 c. à soupe d'huile d'olive
3 gros oignons espagnols émincés
1 c. à soupe de moutarde de Dijon
1 c. à soupe de vinaigre de xérès
Sel et poivre

GARNITURE
12 anchois
25 g (¼ tasse) de parmesan ou de chèvre non crémeux en copeaux
Fines herbes : ciboulette, persil, basilic, aneth, au goût
Zeste de citron

Pour moi, l'apéro...

c'est un moment de partage et de bonheur avec des amis. C'est souvent une pause à la fin d'une longue journée intense, où l'on prend le temps de jaser entre nous.

1. **Pâte brisée maison :** Dans un grand bol ou dans le contenant d'un robot culinaire, mettre la farine, le sucre, le sel et le beurre. À l'aide d'un coupe-pâte ou d'un malaxeur, mélanger les ingrédients jusqu'à ce qu'il ne reste que de petits morceaux de beurre (attention de ne pas trop mélanger). Ajouter les œufs et le lait, et mélanger jusqu'à ce que la pâte se forme, sans plus (trop mélanger risquerait de produire une pâte élastique et peu friable). Diviser la pâte en deux et envelopper chaque boule de pellicule de plastique. Réfrigérer au moins 30 minutes.

2. **Oignons caramélisés :** Dans une grande casserole, chauffer le beurre et l'huile d'olive à feu moyen-élevé. Ajouter les oignons et cuire, en brassant régulièrement, environ 20 minutes ou jusqu'à ce qu'ils commencent à se caraméliser. Baisser à feu moyen et poursuivre la cuisson 20 minutes ou jusqu'à ce que les oignons se soient parfaitement caramélisés. Retirer du feu, saler et poivrer généreusement. Ajouter la moutarde et le vinaigre. Bien mélanger.

3. **Montage :** Sur une surface légèrement farinée, à l'aide d'un rouleau à pâtisserie, abaisser une des boules de pâte à une épaisseur de 0,3 cm (¹⁄₈ po) pour former un rectangle d'environ 20 x 30 cm (8 x 12 po). (L'autre boule de pâte, bien enveloppée, se conserve jusqu'à 1 mois au congélateur.) Piquer la pâte abaissée avec une fourchette et la déposer sur une plaque à pâtisserie recouverte d'un tapis de silicone ou de papier sulfurisé. Réfrigérer au moins 30 minutes.

4. Préchauffer le four à 190 °C (375 °F). Placer une feuille de papier sulfurisé sur la pâte et déposer une plaque dessus pour éviter que la pâte ne gonfle trop. Cuire au four 20 minutes.

5. Sortir du four, retirer la plaque du dessus et le papier sulfurisé. Tartiner la pâte avec les oignons caramélisés. Remettre au four 10 minutes. Déposer les anchois sur les oignons et remettre au four 5 minutes. Laisser refroidir. Couper la tarte en 8 carrés. Garnir des copeaux de fromage, de poivre fraîchement moulu, de fines herbes et de zeste de citron.

(Voir photo page 141)

Gougères au vieux cheddar

DONNE 6 DOUZAINES

125 ml (½ tasse) de lait
125 ml (½ tasse) d'eau
125 g (½ tasse) de beurre non salé
1 c. à café de sucre
½ c. à café de sel
1 c. à soupe de moutarde de Dijon
¼ c. à café de paprika fumé
125 g (1 tasse) de farine
4 gros œufs
115 g (1 tasse) de vieux cheddar râpé
Mélange d'épices : 1 c. à café de graines de fenouil
    moulues, 1 c. à café de graines de cumin moulues,
    2 c. à café de fleur de sel et ½ c. à café de piment
    d'Espelette

1. Dans une casserole, mettre le lait, l'eau, le beurre, le sucre, le sel, la moutarde et le paprika, et amener à ébullition. Lorsque le beurre est fondu, retirer la casserole du feu et ajouter la farine d'un seul coup. À l'aide d'une cuillère en bois, brasser la préparation jusqu'à l'obtention d'une pâte homogène. Remettre la casserole sur le feu et cuire à feu doux 2 minutes en brassant la pâte afin de bien la dessécher. Retirer du feu et laisser refroidir.

2. Incorporer les œufs un à un dans la pâte refroidie en brassant entre chaque ajout à l'aide d'une cuillère en bois, d'un malaxeur ou en utilisant le robot culinaire. Ajouter le fromage râpé et mélanger.

3. Préchauffer le four à 200 °C (400 °F). Tapisser une plaque à pâtisserie de papier sulfurisé.

4. À l'aide d'une poche à pâtisserie munie d'une douille unie, ou simplement de deux cuillères, former de petites boules de pâte d'environ 4 cm (1 ½ po) de diamètre et les déposer sur la plaque. Badigeonner très légèrement les gougères avec de l'eau, puis les saupoudrer du mélange d'épices. Enfourner et baisser immédiatement la température du four à 190 °C (375 °F). Cuire environ 20 minutes ou jusqu'à ce que les gougères soient bien dorées.

(Voir photo page 145)

Ricotta au miel et au piment d'Espelette

POUR 8 PERSONNES

250 ml (1 tasse) de ricotta maison
(recette ci-dessous) ou du commerce
2 c. à soupe de crème à fouetter 35 %
¼ c. à café de sel
1 c. à soupe de miel
1 c. à soupe d'huile d'olive
Fleur de sel
Piment d'Espelette

1. Au mélangeur, mélanger la ricotta avec la crème et le sel jusqu'à l'obtention d'une texture parfaitement lisse. Déposer la préparation dans un bol et faire un creux au centre avec le dos d'une cuillère. Garnir le dessus du miel et de l'huile d'olive. Saupoudrer de fleur de sel et de piment d'Espelette. Servir accompagné de pain grillé.

Ricotta maison

DONNE ENVIRON
500 ML (2 TASSES)

2 litres (8 tasses) de lait 3,25 %
500 ml (2 tasses) de babeurre

1. Dans une casserole, mettre les ingrédients et chauffer à feu moyen jusqu'à ce que le mélange atteigne 82 °C (180 °F). Fermer le feu et laisser reposer 40 minutes sans brasser.
2. Tapisser un tamis de 3 épaisseurs d'étamine (coton à fromage) et le poser sur un grand bol. Y verser délicatement le caillé de lait. Laisser égoutter pendant 2 heures. La ricotta se conservera jusqu'à 4 jours au réfrigérateur dans un contenant hermétique.

CONSEIL DE PATRICE

72 gougères, c'est peut-être un peu trop ! Il est important de savoir que cette recette ne peut pas être divisée, car elle contient la quantité minimale d'ingrédients nécessaires pour réussir une pâte à chou. La solution : congeler une partie de la pâte lorsqu'elle est refroidie.

Gougères au vieux cheddar
Ricotta au miel et au piment d'Espelette

Le temps des fêtes

Il y a plusieurs occasions de fêter durant l'année, mais la fin du mois de décembre est dans une classe à part : c'est la plus intense et la plus importante période de partys pour plusieurs d'entre nous. Les rassemblements, qui sont souvent marqués par les traditions entourant Noël, impliquent un plus grand nombre d'invités. Voici donc quelques classiques choisis avec soin pour vous préparer à célébrer les fêtes de belle et bonne façon !

Cocktail

Punch

RHUM À LA MENTHE

Il y a plusieurs types d'alcools et de saveurs qui sont associés au temps des fêtes. La crème de menthe en fait partie. Comme elle a déjà été un digestif très populaire au Québec, elle peut rappeler de bons (ou de moins bons !) souvenirs à plusieurs. Je vous suggère une réinterprétation de ce digestif qui plaira aux plus nostalgiques.

POUR 1 PERSONNE
1 oz (30 ml) de rhum brun
½ oz (15 ml) de sirop à la menthe (recette ci-dessous)
½ oz (15 ml) de jus de citron
3 oz (90 ml) de boisson gazeuse au gingembre (*ginger ale*)

Si désiré, décorer une flûte à champagne de sucre décoratif (voir le conseil de Marie). Y verser le rhum brun, le sirop de menthe et le jus de citron. Ajouter la boisson gazeuse bien froide pour compléter le cocktail.

Sirop à la menthe

8 oz (240 ml) de sirop de canne
15 feuilles de menthe

Dans un contenant hermétique, verser le sirop de canne, ajouter les feuilles de menthe et laisser infuser de 8 à 12 heures. Retirer les feuilles de menthe avant d'utiliser ce sirop aromatisé.

CANNEBERGES ÉPICÉES

POUR 8 PERSONNES
8 oz (240 ml) de vodka
24 oz (720 ml) de jus de canneberge
6 oz (180 ml) de jus d'orange
5 oz (150 ml) de sirop épicé (recette ci-dessous)
Canneberges fraîches (décoration)
Tranches d'orange (décoration)
Anis étoilé (décoration)
Glace

Dans un grand contenant à punch, mélanger la vodka, les jus et le sirop épicé. Ajouter de la glace. Pour la décoration, ajouter une poignée de canneberges fraîches et/ou quelques tranches d'orange et de l'anis étoilé.

Sirop épicé

1 gousse de vanille coupée en deux et grattée
3 anis étoilés
1 bâton de cannelle ou ½ c. à café de cannelle moulue
1 c. à soupe de gingembre râpé
250 ml (1 tasse) d'eau
200 g (1 tasse) de sucre

Dans une petite casserole, mélanger tous les ingrédients et cuire à feu moyen jusqu'à ce que le sucre soit dissous. Retirer du feu et laisser refroidir 1 heure. Passer au tamis et conserver le sirop dans un contenant hermétique.

CONSEIL DE MARIE

Pour le côté chic, servir le punch dans des flûtes à champagne.
Sucre décoratif : dans un plat en plastique (plus large que les verres qui seront utilisés), mélanger 100 g (½ tasse) de sucre, le zeste fin de 1 citron et 1 c. à café de menthe séchée émiettée. Avec ½ tranche de citron, humecter le rebord d'un verre et le tremper dans le sucre décoratif.

Vins blancs

CÔTES DE GASCOGNE, CLASSIC, DOMAINE TARIQUET

🍷 **12,95 $** page 170

Les vins blancs du sud-ouest de la France sont toujours de belles trouvailles et nous arrivent souvent à bon prix. La cuvée Classic du Domaine Tariquet est une aubaine, compte tenu de la qualité du produit. Ce blanc léger est composé de cépages régionaux, l'ugni blanc et le colombard, qui en font un vin assez parfumé, floral avec des notes de fruits exotiques. Dès la première gorgée, vous sentirez une certaine rondeur en bouche qui sera compensée par une acidité vive, soutenue de notes de citron et de pamplemousse. Gardez quelques bouteilles au frais : ce vin sera parfait pour recevoir vos invités ou encore pour vous accompagner lorsque vous cuisinerez pour le réveillon !

CLASSIQUE BLANC, DOMAINE ST-JACQUES

🍷 🍁 **16,35 $** page 170

Le Domaine St-Jacques est un excellent producteur québécois qui peut apporter un peu de nouveauté parmi la sélection plus classique de Noël. Ce blanc, composé d'un assemblage de vidal et de seyval, vous fera penser à du sauvignon blanc avec ses notes herbacées et citronnées. Parfumé, rond et possédant une belle pointe d'acidité en finale, c'est un produit de qualité qui sera rassembleur. Je vous suggère de servir ce blanc à vos invités sans souligner sa provenance. Attendez que l'un d'eux vous témoigne son appréciation pour dévoiler l'étiquette et l'origine du délice !

IGP VAL DE LOIRE, ATTITUDE SAUVIGNON BLANC, PASCAL JOLIVET

18,75 $ page 170

Si vos invités sont des adeptes de sancerre ou de pouilly-fumé, voici un blanc à leur servir. Fait à 100 % de sauvignon blanc, il provient de la région de la Loire, qui produit les précédentes appellations réputées. Minéral au nez, avec des notes citronnées et herbacées, il est très fidèle à l'image qu'on se fait d'un sauvignon. Vif en bouche, vous remarquerez les subtiles saveurs de pomme verte et d'agrumes, ainsi qu'une finale assez longue. Très bien équilibré et vraiment meilleur que la plupart des sauvignons blancs à moins de 20 $, il sera idéal pour lancer les festivités. Et vous risquez d'en acheter durant le reste de l'année !

YECLA, CHARDONNAY/ MACCABEO, CASTANO

14,05 $ page 170

Ce vin blanc espagnol fait partie de mes coups de cœur depuis plusieurs années et j'espère toujours qu'il sera disponible en plus grande quantité à la SAQ. Il s'agit d'un charmant assemblage du très connu chardonnay, responsable des notes de pomme et de la fraîcheur, et du plus rare maccabeo, qui apporte un côté fruité de melon et de miel, avec des notes herbacées de thym. Vous ne ressentirez pas cet aspect plus aromatique en bouche, où l'on perçoit surtout la fraîcheur du chardonnay. Achetez plusieurs bouteilles de ce blanc sec et désaltérant lorsque vous en trouverez. Peu connue, cette trouvaille a des chances de charmer vos invités !

Vins rouges

VALPOLICELLA, ALLEGRINI
🍷 **16,55 $** page 177

Cette appellation du nord de l'Italie est assez connue et bien appréciée des Québécois. Le domaine Allegrini en propose une très bonne version, à base des cépages typiques de la région, le corvina et le rondinella, idéale pour entamer une soirée. C'est un rouge plus léger dont le nez est agréable et subtilement herbacé avec des notes de cerise, de framboise et de rose. Au goût, ce vin est souple, dépourvu de tannins, avec une rondeur témoignant d'une belle générosité. Il plaira aux amateurs de rouges italiens qui ont envie d'un vin moins corsé pour amorcer l'apéro.

CÔTES DU RHÔNE, DAUMEN
🍷 **22,45 $** page 177

La vallée du Rhône est une région réputée pour ses rouges costauds. Mais certains producteurs conçoivent des rouges plus fruités que corsés, comme cette cuvée de Jean-Paul Daumen composée principalement de grenache et de syrah. Le nez est légèrement poivré, avec des notes de fruits rouges mûrs et un petit côté sauvage typique des vins de cette région. La bouche est dominée par le fruit avec des tannins souples. Ce produit offre un bel équilibre entre le classicisme habituel de la région et l'approche accessible et contemporaine du vigneron. Voilà un vin qui se boit facilement et qui accompagnera très bien la trempette de betteraves proposée par Josée di Stasio (recette page 156).

La progression des vins

Lorsque vous savez que vous servirez différents vins rouges pendant une soirée ou un souper, n'hésitez pas à ouvrir les bouteilles à l'avance et à goûter à chaque vin. Cela vous permettra de planifier le service des vins dans une progression harmonieuse, soit du plus léger au plus corsé et du plus simple au plus complexe.

BOURGOGNE PINOT NOIR, LE CHAPITRE SUIVANT, RENÉ BOUVIER

 **25,90 $** page 177

La Bourgogne est une région classique qui produit certains des meilleurs vins du monde. Malheureusement, comme on ne peut que très rarement s'offrir ces grandes cuvées, trouver des vins dignes de cette région à prix abordable, comme ce pinot noir de M. Bouvier, relève de l'exploit ! Selon moi, ce vin offre l'un des meilleurs rapports qualité-prix de la SAQ pour la région de la Bourgogne, et mérite une place dans vos classiques. Comme tous les rouges de ce coin de pays, il est uniquement conçu à base de pinot noir, un cépage reconnu pour ses arômes de cerise, de framboise et de champignon. Souple, léger et gorgé de fruit, ce vin offre une bonne fraîcheur en plus de notes légèrement fumées en bouche. Un bon bourgogne qui plaira aux nombreux amateurs de pinots noirs. Pour vous gâter, essayez une des grandes cuvées du même producteur comme son fixin ou un de ses gevrey-chambertin.

Mousseux

Champagne

CAVA BRUT RESERVA, SEGURA VIUDAS

 15,30 $ page 179

Parmi tous les vins mousseux produits dans le monde, les cavas espagnols sont ceux qui proposent la plus grande qualité à prix abordable. Cette cuvée, offerte partout en SAQ, est le mousseux idéal pour faire lever le party ! Avec des bulles assez présentes et des notes de pomme et d'amande qui annoncent le plaisir à venir, ce produit assez ample, pas trop vif et plutôt rond en bouche, est une valeur sûre. Si vous avez envie d'être plus raffiné pour recevoir la visite, ajoutez-y un peu de cidre de glace pour le transformer en kir à la pomme.

CHAMPAGNE BRUT NATURE, PINOT NOIR, DRAPPIER

 52,25 $ page 181

Parce que les occasions de servir du champagne sont plus courantes pendant la période des fêtes, je recommande ce produit que j'aime beaucoup. Assez facile à trouver, il fait partie des moins chers de sa catégorie. Il est conçu à base de pinot noir seulement, un cépage reconnu pour donner des vins mousseux structurés. Vif et complexe à la fois, avec des arômes de pomme, de fleurs et de brioche, il offre une bonne acidité. Un champagne à découvrir pour ceux qui en boivent rarement. Pas besoin d'une nappe blanche pour l'apprécier, l'important est d'être accompagné des personnes qui vous sont chères !

Bière

Apéro sans alcool

BORÉALE DORÉE, BRASSERIE BORÉALE

🌿 **1,70 $ / 341 ml** page 183

Cette bière légère en alcool (4,8 % seulement) éveille mon intérêt grâce à l'ajout de miel qui la complexifie et la démarque des autres. Avec ses notes de miel (évidemment !), mais surtout de sarrasin grillé et de caramel, elle dégage des effluves très agréables. Son côté sucré discret est réconfortant à la fin d'une journée froide ! En bouche, vous goûterez une bière plutôt légère et percevrez les saveurs de pain grillé et de miel (encore !). Assez délicate, elle sera parfaite pour accueillir les invités lors des rassemblements familiaux.

PÉTILLANT MAISON À LA CLÉMENTINE ET À LA FLEUR D'ORANGER

Durant le mois de décembre, on voit des caisses et des caisses de clémentines à l'épicerie. Pourquoi ne pas en faire un cocktail frais et vitaminé ?

POUR 1 PERSONNE
6 clémentines
½ c. à café d'eau de fleur d'oranger
3 oz (90 ml) de soda très froid ou d'eau pétillante très froide

Presser les clémentines pour obtenir environ 3 oz (90 ml) de jus. Passer le jus dans un tamis pour en retirer la pulpe. Dans une flûte à champagne (plus chic pour souligner les festivités !), verser l'eau de fleur d'oranger, le jus des clémentines et ajouter le soda bien froid (ou l'eau pétillante).

CONSEIL DE MARIE

Pour faire plus festif, tremper le rebord des verres dans le sucre décoratif proposé à la page 149 !

Comment ouvrir une bouteille de mousseux

Pour ouvrir une bouteille de vin mousseux de façon élégante, suivez ces quelques règles : mettez à l'avance la bouteille au froid pour qu'elle soit bien refroidie au moment de l'ouvrir ; tenez fermement le bouchon et tournez lentement la bouteille ; assurez-vous d'incliner la bouteille à 45° pendant que vous la tournez, afin d'éviter que le mousseux ne déborde lors de l'ouverture.

Pour manger en buvant

Recettes de Josée di Stasio

Trempette de betteraves*

DONNE 500 ML
(2 TASSES)
DE TREMPETTE

4 betteraves moyennes
155 g (⅔ tasse) de yogourt ferme (de type grec)
1 gousse d'ail pressée
2 c. à café de zeste de citron ou d'orange
  (prélevé à la microrâpe)
2 c. à soupe d'huile d'olive (environ)
2 c. à café de graines de fenouil moulues
  ou ½ c. à café de cumin + ½ c. à café
  de coriandre moulus
½ c. à café de paprika
½ c. à café de sel
Poivre
1 filet d'huile d'olive (pour le service)

Pour moi, l'apéro... illustre bien l'art de savoir prendre le temps. On se dépose et on laisse le quotidien à la porte.

1. Préchauffer le four à 180 °C (350 °F).
2. Laver les betteraves et couper les queues. Envelopper les betteraves dans du papier d'aluminium. Cuire au four de 45 à 60 minutes ou jusqu'à ce qu'elles soient tendres. Ouvrir le papier d'aluminium et laisser tiédir les betteraves avant de les peler.
3. Couper les betteraves en quatre et mettre les morceaux dans le contenant du robot culinaire. Réduire en purée. Ajouter le reste des ingrédients, sauf l'huile d'olive, et bien mélanger. Vérifier l'assaisonnement.
4. Réfrigérer quelques heures afin de permettre aux parfums de se développer. Servir arrosé d'un filet d'huile, avec des chips de pita, des feuilles d'endives et des tranches de pomme bien citronnées.

* Recette adaptée du livre *À la di Stasio 3*, de Josée di Stasio, Flammarion Québec, 2011.

CONSEIL DE JOSÉE

Cette trempette est aussi délicieuse pour accompagner le gravlax ou le saumon fumé. Vous pouvez la servir accompagnée de fromage frais de chèvre ou de brebis, ou encore de feta émietté.

Olives au martini*

POUR 8 PERSONNES

255 g (2 tasses) d'olives vertes (en saumure)
250 ml (1 tasse) de gin ou de vodka
2 c. à soupe de vermouth blanc (Martini, Cinzano ou Noilly Prat)
Zestes de citron et d'orange

1. Égoutter, rincer et éponger les olives. Dans un bocal, mélanger le gin (ou la vodka), le vermouth et les zestes d'agrumes. Ajouter les olives et réfrigérer au moins 1 heure.

Bâtonnets cheddar et épices**

DONNE
36 BÂTONNETS

6 c. à soupe de beurre froid en morceaux
100 g (¾ tasse) de farine
½ c. à soupe de sel
1 pincée de piment de Cayenne
115 g (1 tasse) de cheddar fort râpé
Épices au choix : graines de fenouil, graines de sésame, poivre long, poivre de Sichuan, poivre rose, nigelle, cumin, carvi

1. Mettre le beurre dans le contenant du robot culinaire et actionner en ajoutant la farine, le sel et le piment de Cayenne jusqu'à ce que le mélange ait une consistance granuleuse. Ajouter le cheddar et mélanger par touches successives jusqu'à ce que la pâte forme une boule.
2. Sur une surface farinée, à l'aide d'un rouleau à pâtisserie, abaisser la pâte pour obtenir un rectangle de 5 x 18 cm (2 x 7 po). Réfrigérer au moins 30 minutes.
3. Préchauffer le four à 200 °C (400 °F).
4. Diviser la pâte en deux sur la longueur. Sur une surface légèrement farinée, étendre chaque morceau au rouleau pour obtenir deux rectangles de 13 x 20 cm (5 x 8 po). Avec un couteau, égaliser les bords.
5. Saupoudrer la pâte des épices choisies, puis passer le rouleau sans presser pour fixer les épices. Tailler des bâtonnets de 1,5 cm (½ po) de largeur. À l'aide d'une spatule, les transférer sur une plaque antiadhésive ou couverte de papier sulfurisé. Cuire au centre du four de 7 à 10 minutes ou jusqu'à ce que les bâtonnets soient dorés. Laisser refroidir sur la plaque.

* Recette adaptée du livre *À la di Stasio,* de Josée di Stasio, Flammarion Québec, 2004.
** Recette adaptée du livre *À la di Stasio 3,* de Josée di Stasio, Flammarion Québec, 2011.

Où prendre l'apéro ?

Évidemment, nous avons tous nos endroits de prédilection pour l'apéro. Pour vous, c'est peut-être sur la terrasse, au bord de la piscine, dans un parc ou sur la plage durant l'été, et bien au chaud près d'un feu de foyer ou autour de l'îlot de la cuisine durant l'hiver !

Si vous aimez aussi partager l'apéro à l'extérieur de la maison, prendre quelques verres dans un endroit animé avant un souper au resto ou après le travail, voici quelques-uns de mes endroits préférés à Montréal, à Québec, à Trois-Rivières et à New York. Sortez votre carnet d'adresses !

À Montréal

TAVERNE DOMINION
1243, rue Metcalfe, Montréal
514 564-5056
tavernedominion.com

Ce magnifique endroit situé au centre-ville vous transporte à une autre époque. Assoyez-vous au bar et dégustez un de leurs cocktails, toujours préparés avec soin. Je vous recommande particulièrement leur gin tonic maison : en plus d'offrir une intéressante sélection de gin, ils préparent leur propre tonique ! Et commandez donc les croquettes de maïs pour accompagner le tout...

VIN PAPILLON
2519, rue Notre-Dame Ouest, Montréal
vinpapillon.com

Tenu par les mêmes restaurateurs que le Joe Beef et mené par une jeune équipe dynamique, cet endroit est un de mes favoris à Montréal. La sélection de vins provenant de petits producteurs talentueux est exemplaire, et tout est excellent sur le menu ! Je dois tout de même avouer avoir un petit faible pour les choux de Bruxelles et le chou-fleur à la rôtissoire... L'été, la terrasse vous donne l'impression d'être dans la cour arrière de vos amis. Attention : votre apéro pourrait se terminer trois heures plus tard que prévu...

PULLMAN
3424, avenue du Parc, Montréal
514 288-7779
pullman-mtl.com

Ce bar à vin propose toujours une belle sélection de mousseux et de champagnes au verre, avec l'option demi-verre qui est idéale pour essayer plusieurs produits. Cet endroit s'est imposé depuis son ouverture, en 2004, et demeure un classique pour moi. Gros plus : c'est ouvert tous les jours de la semaine !

LE PARC LA FONTAINE
Avenue du Parc-La Fontaine, coin Rachel, Montréal

Une fin d'après-midi sur le bord du « lac », une bouteille de vin rosé, quelques charcuteries à partager et des amis que vous n'avez pas vus depuis longtemps : voilà l'apéro parfait, selon moi ! Idéal pour profiter de l'été qui passe si rapidement.

Taverne Dominion

À Québec

À Trois-Rivières

LE RENARD ET LA CHOUETTE
125, rue Saint-Vallier Ouest, Québec
418 914-5845
lerenardetlachouette.com

Ce charmant petit bar à vin, situé dans le quartier Nouvo St-Roch, appartient aux mêmes propriétaires que le Pied Bleu. Très sympathique avec ses grandes tables en bois, c'est l'endroit idéal pour prendre un verre avec des collègues ou des amis. Le menu inspirant comprend plusieurs petits plats à partager et une belle sélection de vins au verre.

BISTRO LE SAM
Fairmont Le Château Frontenac
1, rue des Carrières, Québec
418 692-3861
bistrolesam.com

J'ai eu un gros coup de cœur pour ce bar du célèbre Château Frontenac. Lorsque vous traverserez le hall de cet hôtel iconique, tournez à droite et le Sam vous apparaîtra tout au bout. Assis au bar, vous pourrez admirer le talent des barmans et la vue magnifique donnant directement sur le fleuve. Essayez le Negroni : un délice ! Je m'arrête au Sam chaque fois que je passe à Québec. Ne soyez surtout pas gêné de découvrir (ou redécouvrir) cet établissement récemment rénové qui n'est pas seulement destiné aux touristes !

BISTRO LE POT
326, rue des Forges, Trois-Rivières
819 841-4959
bistrolepot.com

Offrant un grand choix de cocktails, cet établissement du centre-ville est un lieu parfait pour une rencontre entre amis. Vous trouverez plusieurs classiques, mais surtout beaucoup de créations maison, dont plusieurs faites à base d'ingrédients québécois comme le sirop de sapin baumier ou la purée de bleuets confits. Il suffit d'une planche de charcuteries au centre de la table et la discussion est lancée !

LE TEMPS D'UNE PINTE
1465, rue Notre-Dame Centre,
Trois-Rivières
819 694-4484
letempsdunepinte.ca

Cette sympathique microbrasserie, également située au centre-ville de Trois-Rivières, est très conviviale et parfaite pour un apéro décontracté. Les bières y sont délicieuses et accompagnent très bien les quelques entrées proposées, comme les délicieux « faux falafels ». Un endroit sans prétention avec une ambiance très amicale où les serveurs se feront un plaisir de vous recommander une de leurs bières.

Bistro Le Pot

À New York

BAR À HUÎTRES DE GRAND CENTRAL STATION

Lower Level, Grand Central Station,
89 East 42nd Street, New York
212 490-6650
oysterbarny.com

Cet endroit unique, découvert grâce à mon ami Stelio, est situé dans un lieu où tout peut arriver et où le temps n'a rien changé : la très achalandée gare Central Station. Commandez des huîtres frites et un verre de chablis, et vous vous sentirez comme l'un des habitants de la ville. En partant, profitez-en pour admirer le plafond de la gare, une merveille !

BUVETTE

42 Grove Street, New York
newyork.ilovebuvette.com

Un de mes incontournables ! Je vais y prendre un verre chaque fois que je me rends dans cette ville américaine que j'adore. Ce sympathique bar à vin, qui a pignon sur rue dans le West Village, est très abordable, et sa petite carte des vins est uniquement composée de produits français. C'est l'endroit parfait pour grignoter quelques bouchées lors d'un lunch tardif ou pour prendre l'apéro en fin d'après-midi (c'est ouvert toute la journée). Ne soyez pas surpris si vous entendez un serveur parler français, c'est assez courant !

EATALY

200 5th Avenue, New York
eataly.com

La méga-épicerie italienne ouverte depuis quelques années par le réputé chef Mario Batali est située juste à côté du Flatiron Building. Après avoir fait le tour des rayons de produits italiens, prenez le temps de vous arrêter au bar central et de commander une assiette de charcuterie et un verre de vin. Simplement appuyé sur une des tables hautes en marbre, dégustez et imprégnez-vous de l'atmosphère new-yorkaise.

ELEVEN MADISON PARK

11 Madison Park, New York
212 889-0905
elevenmadisonpark.com

Un des meilleurs restaurants du monde, selon la liste San Pellegrino, et mon grand préféré ! Un endroit exceptionnel, mais très dispendieux, donc pas tellement accessible… Pour vous gâter, allez seulement prendre un cocktail ou un verre de vin au bar afin de passer une heure dans ce luxueux restaurant. Pas besoin de réservation pour le bar, contrairement à la salle à manger. Bien que leurs cocktails soient très recherchés et préparés avec les meilleurs ingrédients, je succombe toujours pour un verre de champagne. Profitez-en pour regarder la valse impeccable des serveurs qui se déplacent de la cuisine jusqu'aux tables pour servir les clients.

Index visuel des alcools

 Facile à trouver

 SAQ Sélection

 SAQ Sélection disponibilité périodique

 Produit québecois

 Produit biologique

Puisqu'il est souvent plus facile de repérer une bouteille par sa forme et son étiquette que par son nom (parfois complexe), voici un index dans lequel les produits vendus à la SAQ et dans les commerces sont présentés en photos, classés par types d'apéros. Un outil intéressant à emporter avec vous lorsque vous ferez vos réserves !

Vins blancs

Chablis, La Sereine,
La Chablisienne

23,25 $ page 20

Sancerre,
Paul Prieur et fils

29, 65 $ page 20

Soave Classico,
Pieropan

19,75 $ page 21

Pineau des Charentes,
5 ans d'âge, Château
de Beaulon

20,25 $ page 34

Marsanne/Viognier,
Central Coast, Treana

29,80 $ page 34

Pouilly-Vinzelles,
Les Longeays,
Domaine Thibert

27,70 $ page 35

Sancerre,
Domaine Vacheron

35,25 $ page 35

IGP Côtes de Gascogne,
Gros Manseng/
Sauvignon,
Vignobles Brumont

13,80 $ page 48

Verdicchio dei Castelli
di Jesi Classico, Velonesi

16,90 $ page 48

Alsace Pinot Gris,
Reserve, Pierre Sparr

17,95 $ page 49

Costières de Nîmes,
Le Grand Amandier,
Château des Tourelles

17,00 $ page 49

Vinho Regional
Alentejano, Chaminé,
Cortes de Cima

14,50 $ page 64

IGP Cyclades, Atlantis,
Domaine Argyros

19,70 $ page 64

Priorat,
Barranc del Closos,
Mas Igneus

24,35 $ page 65

Rioja, Genoli,
Vina Ijalba

16,15 $ page 78

Bergerac Sec,
Cuvée des Conti,
Tour des Gendres

18,75 $ page 78

Gaillac,
Les Greilles,
Causse Marines

22,40 $ page 79

Collioure,
Argile,
Domaine de La Rectorie

36,00 $ page 79

**Vinho Regional
Peninsula de Setubal,
Albis, J.M. Fonseca**

13,00 $ page 92

**IGT Veneto, Chardonnay,
G. Campagnola**

14,30 $ page 92

**Vidal, Domaine
Les Brome**

18,40 $ page 93

**Pinot Blanc Okanagan
Valley, Five Vineyards,
Mission Hill**

17,95 $ page 106

**The Stump Jump,
D'Arenberg**

17,60 $ page 106

**Alsace, Trilogie,
Barmès-Buecher**

21,55 $ page 107

**Alto Adige, Pinot Bianco,
Alois Lageder**

20,00 $ page 107

**Côtes de Gascogne,
Sauvignon, Jaja de Jau**

15,00 $ page 120

**Basa, Rueda,
Telmo Rodriguez**

18,45 $ page 120

**Riesling, Mosel-Saar-
Ruwer, Selbach**

17,75 $ page 121

**IGP Épanomi,
Domaine Gerovassiliou**

20,75 $ page 134

**Muscat de Rivesaltes,
Domaine Cazes**

15,45 $ page 134

**Grüner Veltliner
Kamptal, Schloss
Gobelsburg**
17,05 $ page 135

**Pacherenc du Vic Bilh,
Château Montus**
24,85 $ page 135

**Côtes de Gascogne,
Classic, Domaine
Tariquet**
12,95 $ page 150

**Classique blanc,
Domaine St-Jacques**
16,35 $ page 150

**IGP Val de Loire,
Attitude Sauvignon
blanc, Pascal Jolivet**
18,75 $ page 151

**Yecla, Chardonnay/
Maccabeo, Castano**
14,05 $ page 151

Vins rosés

**Vin gris de cigare,
Bonny Doon Vineyard**

21,95 $ page 21

**Costières de Nîmes,
Buti Nages,
Michel Gassier**

16,00 $ page 121

Vins rouges

Montepulciano d'Abruzzo, Riparosso, Illuminati

14,75 $ page 22

Chinon, Expression, Alain Lorieux

21,25 $ page 22

Beaujolais, L'Ancien, Jean-Paul Brun

21,70 $ page 23

Pinot noir, Venice, Domaine Carone

36,00 $ page 36

**Morgon, Domaine
de la Chanaise,
Dominique Piron**

21,50 $ page 36

**Verduno Pelaverga,
Fratelli Alessandria**

26,10 $ page 37

**Pinot Nero delle Venezie,
Santi Nello**

11,65 $ page 50

**Alicante,
Laderas de El Seque,
Artadi**

16,30 $ page 50

**Naoussa, Jeunes Vignes
de Xinomavro,
Domaine Thymiopoulos**

19,45 $ page 51

**Valdepenas,
Gran Reserva,
Laguna de la Nava**

17,10 $ page 66

Montepulciano
d'Abruzzo, Masciarelli

17,70 $ page 66

Langhe Nebbiolo,
Produttori del
Barbaresco

26,20 $ page 67

Bonarda, Colonia
Las Liebres,
Altos Las Hormigas

16,20 $ page 67

Yecla, Hécula
Monastrell, Bodegas
Castano

13,95 $ page 80

Bierzo, Pétalos,
Descendientes de
J. Palacios

26,20 $ page 81

Dolcetto d'Alba, Priavino,
Roberto Voerzio

24,80 $ page 81

Vinho Regional Alentejano, Herdade das Albernoas, Encosta Do Guadiana

11,10 $ page 94

Dao, Meia Encosta, Vinhos Borges

11,95 $ page 95

Rioja, La Vendimia, Alvaro Palacios

19,10 $ page 95

Barbera d'Asti, Le Orme, Michele Chiarlo

16,45 $ page 108

Pinot Noir, Sélection Limitée, Montes

16,95 $ page 108

Côte de Brouilly, Les Griottes, Château Thivin

23,45 $ page 109

**Vin de Pays d'oc,
Grande Cuvée,
Mas des Tourelles**

10,25 $ page 122

**Terre Siciliane,
Nari, Firriato**

10,95 $ page 122

**Touraine, Gamay,
Domaine de la
Charmoise**

18,70 $ page 123

**Nebbiolo, Réserve Privée
L.A. Cetto**

19,85 $ page 136

**Burgenland,
Blaufränkisch, Heinrich**

24,85 $ page 137

**Cerasuolo di Vittoria,
Azienda Agricola Cos**

34,75 $ page 137

Valpolicella,
Allegrini

16,55 $ page 152

Côtes du Rhône,
Daumen

22,45 $ page 152

Bourgogne Pinot Noir,
Le Chapitre Suivant,
René Bouvier

25,90 $ page 153

Mousseux

Cava Brut, Parés Balta

17,95 $ page 24

Vouvray Brut, Domaine Vincent Carême

24,20 $ page 38

Prosecco Superiore, Crede, Bisol

22,80 $ page 52

Crémant du Jura, Domaine Rolet Père et Fils

24,60 $ page 68

Crémant d'Alsace Brut Zéro Dosage, Barmès-Buecher

23,70 $ page 82

Prosecco, Santi Nello, Botter Carlo

16,90 $ page 96

**Cidre mousseux rosé,
Michel Jodoin**

20,00 $ page 110

**Mystique,
Cidrerie du Minot**

2,95 $ page 124

**Bulle de Neige, La Face
Cachée de la Pomme**

16,00 $ page 124

**Cuvée de l'Écusson Brut,
Bernard-Massard**

20,60 $ page 138

**Cava Brut Reserva,
Segura Viudas**

15,30 $ page 154

Champagne

Champagne Brut, Delamotte

51,25 $ page 24

Champagne Premier Cru, Terre de Vertus, Larmandier-Bernier

71,75 $ page 38

Champagne Rosé, Grand Cru, Lallier

52,25 $ page 52

Champagne Brut, Pol Roger

61,25 $ page 68

Champagne blanc de blancs, Les Vignes de Montgueux, Jacques Lassaigne

56,00 $ page 82

Champagne Brut, Blanc de Blancs, Paul Goerg

45,75 $ page 96

Champagne Blanc de Blancs, Horizon, Pascal Doquet

47,00 $ page 110

Champagne Extra-Brut 2002, Fleury

73,75 $ page 138

Champagne Brut Nature, Pinot Noir, Drappier

52,25 $ page 154

Bière

St-Ambroise, Pale Ale,
Brasserie McAuslan

1,85 $ page 25

Saison Froide,
Série Gastronomique,
Glutenberg

8,00 $ page 39

Rosée d'hibiscus,
Brasserie Dieu du Ciel

2,35 $ page 53

La Saison du Tracteur,
Trou du Diable

5,50 $ page 69

Blanche, Dominus Vobiscum, MicroBrasserie Charlevoix

4,19 $ page 83

Païenne, Brasserie Dieu du Ciel

1,85 $ page 97

St-Ambroise à l'abricot, Brasserie Mc Auslan

1,95 $ page 111

Golding, Pale Ale Britannique, Simple Malt

2,49 $ page 125

Estrella Damm Inedit

8,45 $ page 139

Boréale Dorée, Brasserie Boréale

1,70 $ page 155

Apéro sans alcool

Bière de gingembre, Fever-Tree

2,99 $ page 25

Muscat, Natureo, Torres

9,45 $ page 53

Bitburger Drive

1,50 $ page 69

Moût de pomme pétillant, Vista Bella, Michel Jodoin

3,49 $ page 97

Index des cocktails et des punchs

Index des recettes

© Dominique F. Skoltz

Remerciements

Parce qu'un livre est un ensemble de collaborations, j'ai eu la chance de compter sur des personnes fantastiques dès les premiers balbutiements de ce projet.

Je remercie tout d'abord Jean-François Archambault, qui a proposé le projet aux Éditions de l'Homme, et Pierre Bourdon, qui a immédiatement accepté de publier ce petit guide. Je remercie également Isabel Tardif, ma très patiente éditrice, qui m'a accompagnée tout au long de ce processus assez exigeant et qui m'a sortie de ma zone de confort.

Un immense merci aux chefs qui ont accepté de collaborer au livre en donnant généreusement de leur temps pour partager leurs recettes. Ce que vous faites pour la culture gastronomique montréalaise et québécoise est extrêmement important, et votre travail est une inspiration constante pour moi. Merci également aux agences de vins et à leurs représentants pour les échantillons qui m'ont été fournis, et pour leur travail visant à importer de belles trouvailles jusque sur les tablettes de la SAQ.

À Jacques Faucher et à Guy Arsenault, de Tango Photographie, pour les magnifiques photos qui ont su mettre en scène les ambiances que j'avais en tête, merci !

Une pensée à tous les vignerons et producteurs dans le monde qui travaillent très fort chaque jour pour tirer le meilleur de leurs vignes et font des produits de qualité, non standardisés, qui reflètent leur terroir. Ils méritent d'être découverts et mis de l'avant.

À mes anciens collègues des 400 Coups qui ont été témoins de la naissance de ce projet dans ma tête avec « les punchs du vendredi » : merci pour tous ces bons moments !

À ma fantastique équipe chez Patrice Pâtissier, merci de votre compréhension pendant l'écriture de ce livre, et de m'avoir permis d'être moins présente.

À Patrice, merci de m'inspirer par ton grand talent et ta discipline, et merci pour tes nombreuses idées.

Finalement, une reconnaissance immense pour Juliette, ma grand-mère, qui est la meilleure des hôtesses que je connaisse, et qui m'a tout appris de l'accueil et de l'hospitalité.

Cet ouvrage a été achevé d'imprimer sur les presses de
Imprimerie Transcontinental, Beauceville, Canada